シネドラ建築探訪

文・イラスト
宮沢洋

日本経済新聞出版

まえがき

建築物や住宅、それを設計する建築家は、映画やテレビドラマの中でどう描かれているのか。憧れ？　独りよがり？　日常とは隔絶した存在？

本書は元・建築雑誌編集長で画文家の宮沢洋が、「名セリフ」のイラストとともに、共感や現実とのギャップをつづったものである。住宅関連情報のサイト「LIFULL HOME'S PRESS」（https://www.homes.co.jp/）において２０２０年から2年半にわたり連載した「建築シネドラ探訪」の原稿30本をベースに、コラム用の短文20本を新たに執筆して構成した。

映画やドラマは「面白く伝える」教科書

筆者の前職は『日経アーキテクチュア』という建築雑誌の編集者だ。もともと大学は文系。入社した出版社で、本人の希望とは関係なく建築雑誌に配属された。最初は「なんで？」と思ったが、そこが性に合っていた。数年するとその面白さに目覚め、数十年たつと「建築の面白さを専門家だけでなく、一般の人にも伝えたい」という思いが止められなくなる。30年目の2020年、得意のイラストを武器に「画文家」として独立した。

建築の面白さを一般の人に伝えたい——。そんな看板を掲げて活動しているので、自分以外の人が建築物や建築家の面白さをどう伝えているかがすごく気になる。何に着目し、どう膨らませているのか。

その最たるものが映画やテレビドラマだと思う。何しろ、自分が1本の建築リポートを書くのとは比べようもない労力と費用が投じられている。人の心を動かすためのあらゆる知恵が詰め込まれている。仮に現実との大きなギャップがあったとしても、それはつくり手が見つけた面白さを増幅したものであり、全くの虚構ではない。むしろそのギャップを描くことで、つくり手が着目した大本の何かを二次的に楽しめるのではないかと考えた。

5つのテーマを設定

それぞれの作品を実際に見てみると、建築家の描かれ方や着眼点は予想以上に多様であった。同じパターンは一つとしてない。それでも、方向性としてはいくつかの共通項でくくれる。そこで本書では、30本を5つのテーマに分類し、その差がより明確になるようにした。

「PART1 建築家はモテる?」

「PART2 建築家はつらいよ」

「ＰＡＲＴ３ 建築家ダイバーシティ」
「ＰＡＲＴ４ 建築の裏側を知る」
「ＰＡＲＴ５ とにかく建築が好き！」

筆者のナビゲートどおりに頭から読んでもよいし、自分の好きな作品、気になる作品から拾い読みしても何ら問題はない。クスッと笑いながら、建築家を取り巻く環境の変化や、彼らを見る目の変化を知ることができるだろう。本書をきっかけに、建築家という存在をより身近に感じていただければ幸いである。

宮沢 洋

※本書の文章中、建物名の後の（○○年）は、原則として竣工年を示している。
※映画・ドラマのポスターイラストは、筆者が模写、簡略化したものである。

シネドラ建築探訪　目次

PART 3

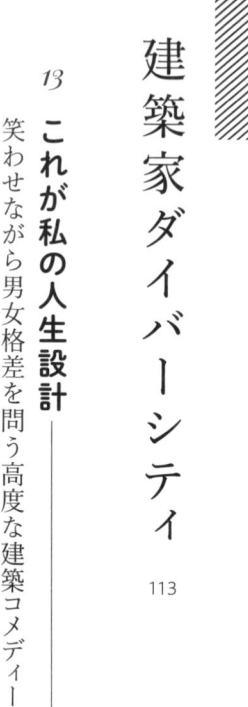

建築家ダイバーシティ

PART 4

建築の裏側を知る

COLUMN

名建築ここにあり!

現実をしのぐ空想建築

C.O L U M N

名建築ここにあり！ 海外編

映画『北北西に進路をとれ』（1959年）

殺人現場は「国連ビル」ヒッチコック流のカメラ視点

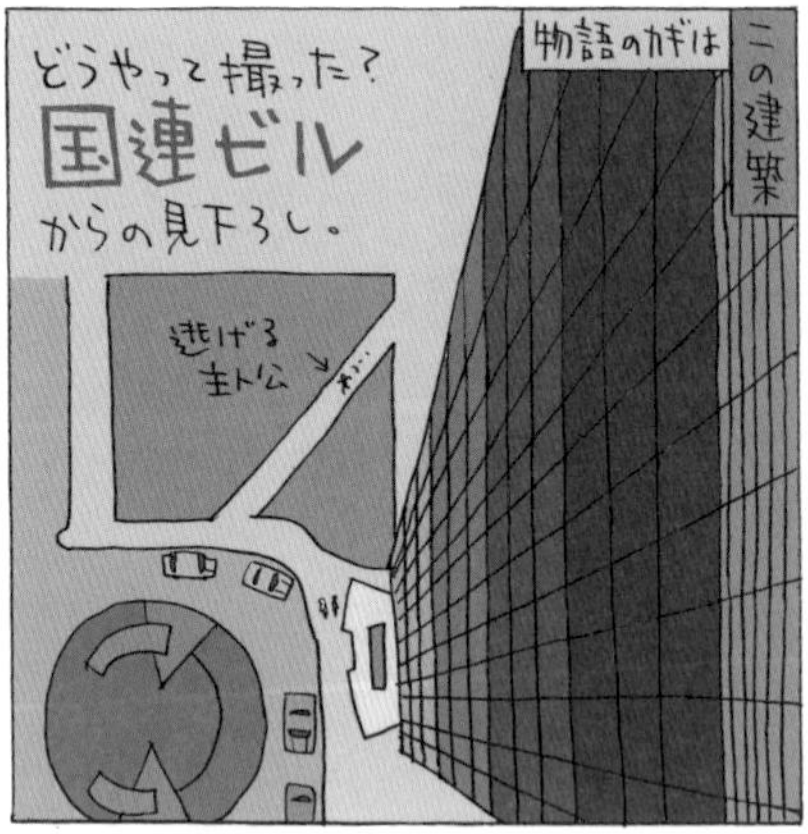
物語のカギは
この建築
どうやって撮った？
国連ビル
からの見下ろし。
逃げる
主人公

サスペンスの巨匠、アルフレッド・ヒッチコックの代表作の一つ、『北北西に進路をとれ』。ケーリー・グラント演じる広告会社役員が、身に覚えのない理由で命を狙われ、逃げ回るジェットコースタームービーだ。序盤で殺人事件が起こるのがニューヨークの国連ビル。ル・コルビュジエやオスカー・ニーマイヤーらが設計に参加して1952年に完成した。映画公開はその7年後。驚くのは、殺人の疑いをかけられた主人公が国連ビルから出て逃げるシーン。超高層ビルの上から足元を見下ろす形で撮っている。今なら「ドローンだな」と思うが、当時どうやって撮ったのか？仮に模型を使った合成だとしても、この数秒にかけるヒッチコックのこだわりに脱帽。

PART 1

建築家はモテる？

建築家を主役に据えたフィクションでは、主役はほぼ例外なく「モテる人物」として描かれる。主役だからモテキャラは当たり前？確かにそういう面はあるが、なんだか見ていると描かれ方がずるいのである。「それって建築家でなかったらモテる振る舞い？」と言いたくなるのだ。モテる建築家が活躍する映画やドラマを集めた。

01

映画

私の頭の中の消しゴム（2004年）

日韓で大ヒットした要因は〝最強にモテる〟建築家像

建築家はモテる——。韓流の映画やドラマではそんなイメージが力強く描かれる。中でも、『私の頭の中の消しゴム』でチョン・ウソンが演じる建築家像は最強だ。

この映画、筆者は勝手に〝韓流3大建築家ラブストーリー〟の一つと位置付けている。3大というのは、ドラマ『冬のソナタ』（48ページ）、映画『建築学概論』（40ページ）、そしてこの映画『私の頭の中の消しゴム』だ。

『私の頭の中の消しゴム』は韓国で2004年に公開され、公開後3週連続1位の大ヒット。日本では翌2005年に公開され、やはり大ヒットした。日本では2020年に『パラサイト 半地下の家族』に抜かれるまで、韓国映画の歴代興行収入トップだった。ヒロインを演じるのは、後にドラマ『愛の不時着』でも話題となるソン・イェジンだ。『私の頭の中の消しゴム』というタイトルで分かる通り、若年性アルツハイマーを患うヒロイン、キム・スジン（ソン・イェジン）と夫のチェ・チョルス（チョン・ウソン）との切ないラブストーリーである。夫のチョルスは、物語序盤では「現場監督」、中盤以降は「建築家」という設定だ。そして、この映画の大ヒットは、夫が建築家という設定と、演じるチョン・ウソンの魅力によるところがかなり大きいと筆者は思うのである。

チョン・ウソンの粗暴さがかっこいい！

2人の出会いはコンビニ。忘れっぽくておっちょこちょいのスジンは、コンビニで買った商品をレジに置き忘れる。同じものをたまたま買って出てきたチェ・チョルスを疑い、言いがかりをつける。しかし、別れた直後

『私の頭の中の消しゴム』
韓国では2004年11月に公開。日本では2005年10月公開。117分
英題：A Moment to Remember
監督・脚本：イ・ジェハン
出演：チョン・ウソン、ソン・イェジン、ペク・チョンハク、パク・サンギュ
配給：CJエンタテインメント

建築編
映画の名セリフ
オレ、現場の経験は浅くないんで。

に自分の誤解だったことに気づく。

スジンの父親は建設会社の社長。建設中のビルの視察に向かう車に同乗していたスジンは、現場を管理する粗暴な男が、コンビニで会った人だと気づき、気になり始める。

2人が急激に近づくのはこんなシーンだ。スジンは街なかで、バイクに乗ったひったくりにバッグを奪われる。少し先に停めたジープのバックミラーからそれを見ていたチョルスは、バイクがジープの脇を走り抜ける瞬間にドアをバンと開けて妨害。バイクは宙を一回転。ひったくり犯は路上に投げ出される。無事バッグを取り戻すものの、ジープのドアやフロントガラスは崩壊。うーん、ワイルド……。チョルスを演じるチョン・ウソンの荒っぽさが、なんともかっこいいのである。

想像どおりの展開でも引き込まれる理由

その後、いくつかのエピソードがあって、2人は恋に落ちていく。2人は結婚。幸せ絶頂の中、スジンが単なる健忘症ではなく、アルツハイマーであると分かる。病気が進行すると、スジンはチョルスの元から突然消え、チョルスは彼女を捜しに……という、大体想像どおりの話である。

想像どおりであっても、引き込まれてしまう。理由は、2人の設定にあると思う。スジンは、チョルスと出会う前、会社の上司と不倫関係にあり、ひどい捨てられ方をした。アルツハイマーが進行すると、新しい方の記憶から薄れていくため、不倫上司に捨てられたことすらも忘れ、今も恋愛関係にあると思ってしまう。

建築家の弱点を克服した最強モテ建築家像

そして、本書で重要なのは、チョルスの設定だ。チョルスは少年時代、親に捨てられ、寺に預けられ、そこで宮大工の技術を学んだ。親に捨てられたトラウマから性格は粗暴。しかし、頭はよく、現場監督の仕事の傍ら密かに建築士の勉強をし、物語の中盤で試験に受かる。そし

物語のカギは
この住宅
もっと
大きい窓じゃダメ？
日の光たっぷり
がいい。
わかった
建築家ラブストーリーの鉄板！

て、丘の上の土地に、夫婦で住む家を設計する。

愛する人のために家を設計するというのは、「建築家ラブストーリー」の鉄板だ。珍しくはない。この物語で秀逸なのは、「性格が粗暴」という設定だ。それによって、建築家を主人公にする物語の〝最大の弱点〟を克服したのだ。

どういうことかというと、建築家は、インテリでロマンチストなのである。だからモテる。筆者が知る多くの建築家もそうなので、その設定にウソはないと思う。しかし、インテリでロマンチストゆえに、性格が繊細な人が多い。肉体的にマッチョな人も少ない。モテる職業という点で、弱さが唯一の弱点なのだ。

この映画では、チョルスを「粗暴な元現場監督」という設定にし、身長180センチを軽く超える野性的なチョン・ウソンに演じさせることで弱点を克服した。「インテリでロマンチストで、なおかつワイルド」という〝最強にモテる〟建築家像をつくり出したのだ。

「オレが代わりに全部覚えておく」

ワイルドであるがゆえに、こんなやりとりも自然に受け入れることができる。スジンがアルツハイマーと診断されたことをチョルスが知った日の2人のやりとりだ。

スジン「私と別れて」

チョルス「……」
スジン「もう優しくしないで。どうせ全部忘れるんだから」
チョルス「オレが代わりに全部覚えておく。オレ、頭がいいんだ。建築士の試験も受かった」

「オレは頭がいい」――このセリフ、もしナヨッとした建築家が言ったら、単なる嫌みなやつとしか思えない。

永作博美主演の連ドラが元ネタ

この映画の原作は、日本のテレビドラマだ。それは2001年に日本テレビ系列で放映された『Pure Soul～君が僕を忘れても～』。ヒロインは永作博美演じる瀬田薫、夫は緒方直人演じる高原浩介だ。緒方が演じる夫は、父親が経営する工務店の大工で、後に一級建築士になるという設定。大筋は『私の頭の中の消しゴム』と変わらないが、緒方直人はワイルドという感じではない。

日本では〝逆輸入〟のような形で、2007年に『私の頭の中の消しゴム』のリメイク版ドラマも制作された。ヒロインは深田恭子、夫役は及川光博だ。このときのミッチー(及川光博)の設定は、建築家ではなく、看板やポスターを描く画家だった。ミッチーらしくていいとは思うのだが、日本の役者でチョン・ウソンの〝最強モテ建築家像〟に対抗してほしかった気もする。筆者が勝手にキャスティングするなら、坂口憲二か、若き日の江口洋介か。伊藤英明は顔がチョン・ウソンに似ているので、あからさま過ぎるか……。

そんな原稿を書きながら、「実際には〝インテリでロマンチストでワイルド〟っていう建築家はいないなあ」と思っていたのだが、1人いた。安藤忠雄氏だ。「東京大学特別栄誉教授」で、瀬戸内オリーブ基金などを立ち上げた「慈善活動家」で「元・プロボクサー」。ワイルドさのオーラではチョン・ウソンにも負けていない。ひょっとしてひょっとすると、韓国の映画製作陣は、安藤氏を参考にキャラクターを設定したのかもしれない。

COLUMN

名建築ここにあり！ 海外編

映画『時計じかけのオレンジ』（1971年）

非現実をまとう段状住宅は若き日のフォスターの設計

映画『時計じかけのオレンジ』はイギリスの作家、アンソニー・バージェスが1962年に発表した小説をスタンリー・キューブリック監督が1971年に映画化したもの。暴力やセックスなど、欲望を制御できない若者たちが幅を利かせる近未来を描く。映画の序盤、主人公の少年アレックスは3人の仲間と面識のない作家の家に押し入る。その住宅のロケ地となったのが、イギリス・ラドレットにある「スカイブレイクハウス」（1966年完成）。今では巨匠となったノーマン・フォスターが、リチャード・ロジャースらと「チーム4」として活動していた頃の住宅だ。白い壁と天井で覆われた段状の空間。硬質なインテリアが物語に非現実感をまとわせる。

02

ドラマ

結婚できない男（2006年）

建築家は偏屈な人種の象徴？「無自覚にピュア」は半分真実

絵に描いたような韓流モテ建築家像に対して、日本のモテ建築家像は屈折している。その代表格が、『結婚できない男』で阿部寛が演じた〝超偏屈〟な建築家だ。

このドラマを見て、阿部寛という俳優が好きになった人は多いのではないか。筆者もその一人だ。2006年にフジテレビ系列で放映された『結婚できない男』。15年ぶりに全話見返してみたが、主人公である建築家・桑野信介の偏屈さは、阿部寛そのものではないかと思えてしまうほどはまっている。そして、文句なしに面白い。

『結婚できない男』は、2006年にフジテレビ系列・火曜夜10時枠で全12回放送されたテレビドラマ。2019年には続編となる『まだ結婚できない男』が放映されたが、「建築家像」を語るならば第1シリーズだろう。

主人公の桑野信介は、40歳・独身の建築家。長身でルックスは悪くないが、皮肉屋で空気が全く読めない。高級マンションに1人暮らしで、クラシックを愛する。口癖は「ほっといてください」。そんな偏屈な性格でありながら、女性たちは何となく桑野のことが気になる。その一人である女医・早坂夏美（夏川結衣）との恋の駆け引き（グダグダ？）を描くドラマである。

「偏屈な建築家」は阿部寛のリクエスト

偏屈な建築家の役に阿部寛がはまっている、と冒頭に書いた。調べてみると、この企画は彼の後押しによって実現したものだった。

この物語は原作漫画や小説があったわけではなく、脚本家・尾崎将也の

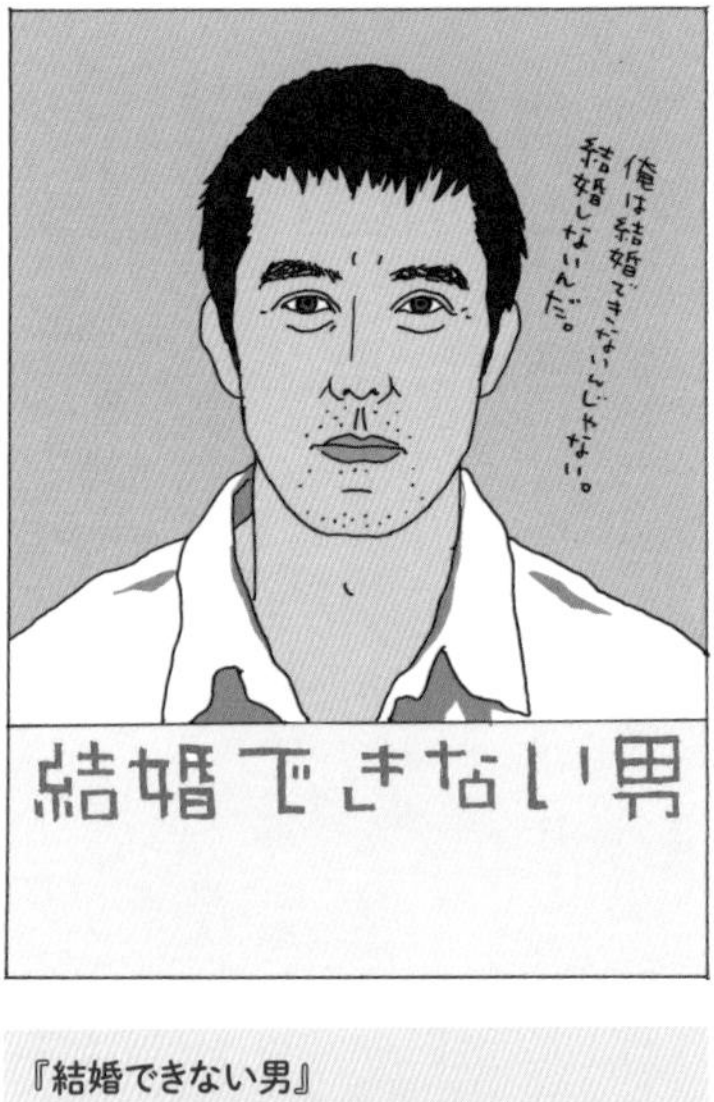

『結婚できない男』
フジテレビ系列の火曜夜10時枠にて、2006年7月4日から9月19日まで、全12回放送
脚本：尾崎将也
出演：阿部寛、夏川結衣、国仲涼子、高島礼子、塚本高史、尾美としのり、三浦理恵子、不破万作、草笛光子、高知東生
制作：関西テレビ、メディアミックス・ジャパン

オリジナル脚本だ。尾崎は自身のブログでこう述懐している。

「阿部寛さん主演で何かをやるかというのが出発点でした。僕は『阿部さんで偏屈な男が主人公のラブコメをやったら面白いのでは』とプロデューサーに言いました。（中略）プロデューサーは、まずある原作ものの企画を阿部さんに提案しました。ところが、阿部さんがそれには乗らなかったため、プロデューサーが『そう言えば尾崎将也がこんなのはどうかと言っていた』と話したところ、阿部さんが『それで行こう』と言ったそうです」（尾崎将也公式サイト2013年1月7日「『結婚できない男』はこうして生れた」より引用）

阿部寛は自ら偏屈な役を希望したのか……。という点もびっくりだが、もう一つびっくりするのは、「偏屈な男性」が企画の出発点であって、「建築家を描くドラマ」ではなかったということ。どうやら「偏屈な男性」にふさわしい職業として「建築家」が選ばれたようだ。建築家は偏屈の象徴なのか……。

「いい家がつくりたいだけ」という奇妙さ

建築業界に長く身を置く筆者としては、「いやいやそんなことはない」と言うべきところかもしれない。だが、ドラマを見ていて、違和感はない。「偏屈」という形容がよくないとしたら、「自分に対してピュア」な人が多いと言い換えてもよいだろう。もともと筆者は文系出身なので、建築の世界に放り込まれたばかりの頃、「なんてクセのある人が多い業界なんだ」と何度も思った。

ドラマの中で象徴的なのが、第6話のこのセリフだ。

「僕が向き合っているのは家なんです。僕はただ、いい家がつくりたいだけなんです。この点だけは妥協しません」――by桑野信介

これは、桑野が傲慢なクライアントの要求に納得できず、その仕事を降りると言い出す

ときに漏らす本音だ。ドラマの中では、桑野の秘めた建築愛を吐露する感動的なシーンなのだが、冷静に考えると、普通のビジネスならかなり変だ。例えば自動車の開発者だったら……。

「僕が向き合っているのは車なんです。僕はただ、いい車がつくりたいだけなんです。この点だけは妥協しません」

おいおい、ユーザーを無視して誰のために車をつくってるんだ？　と突っ込みを入れたくなるだろう。それが建築家だと「いい話だ」「カッコイイ」になってしまう。ずるい。

建築業界、特に設計という世界が、クリエイターとしての無自覚なピュアさを許容する世界であることは否定できない。もちろん、そうでない建築家もたくさんいる（特に若い建築家はそうでない人が多い）ので、ここでは「半分真実」ということにしておこう。

相棒としての「住宅プロデューサー」

脚本家の尾崎は、プロフィルを見る限り、建築業界とは何も関係がないようだが、この世界をかなり研究したのだろう。スタッフ（塚本高史）の薄給生活や、現場を仕切る棟梁（不破万作）とのやり合いなど、さまざまな建築家あるあるを盛り込んでいる。特に感心するのが「住宅プロデューサー」がドラマの中で大きな役割を占めていることだ。

桑野の〝仕事の相棒〟的な存在として、高島礼子演じる住宅プロデュース会社の社員、沢崎摩耶が登場する。桑野の空気の読めなさが原因でクライアントや施工会社ともめるたびに、沢崎が絶妙な気配りでそれを解決する。物語に住宅プロデューサーを介在させることで、建築家が大いに偏屈に振る舞える状況を生み出したのだ。

第10話では、転職を考えている沢崎を引き留めようと、桑野がこんなストレートな言葉を口にする。

桑野「行くな、行かないでくれ」
沢崎「……」
桑野「せっかくいいパートナーになったんじゃないか。オレの設計とお前の調整能力が相乗効果的にクリエイティブな力になるんだ」
沢崎「意味が分からないわ……」

住宅プロデューサーという職業が登場するテレビドラマは、それ以前の建築家モノにはなかったのではないか。このドラマの放映は2006年。筆者も古巣の『日経アーキテクチュア』で住宅プロデュース業の台頭について書いたことがあって、調べてみると掲載したのは2003年だった。このときにはまだ、知る人ぞ知る動きだった記憶がある。それから3年たち、建築業界外の人にも伝わる職業となったのだろう。

先ほどの桑野と沢崎のやりとりだが、沢崎はつれない態度をとるものの、結局、転職を思いとどまる。いつもは本心の読めない桑野から、「いいパートナー」と言われては、心も動くだろう。桑野が急にこんなピュアな言葉を口に出すところも、建築家だから許される設定だ。

建築家を演じさせたら世界一？

ところで、阿部寛は俳優として2度、建築家役で主演を果たしている。もう一本は後述する映画『テルマエ・ロマエ』（122ページ）だ。建築家を演じさせたら間違いなく日本一。いや、異なる建築家を演じた役者は、世界で彼一人かもしれない。

住宅専門の建築家、浴場専門の建築家（『テルマエ・ロマエ』）ときたら、3度目は辰野金吾か、安藤忠雄か……。長身を生かして隈研吾もいいかもしれない。阿部寛ファン（かつ建築ファン）としては、いつか日本を代表する建築家を演じてほしいと願うのである。

COLUMN

名建築ここにあり！ 海外編

映画『ブレードランナー』（1982年）

ハリソン・フォードの家はライトの「エニス邸」

近未来SF映画の金字塔ともいわれる『ブレードランナー』。デザイナーのシド・ミードが生み出した無国籍な未来都市は、建築好きの間でも評価が高い。すべてが架空の空間と思ってしまうが、ある名建築がロケ地として使われている。それはフランク・ロイド・ライトの設計で1923年にロサンゼルスに建てられた「エニス邸」だ。主人公のリック・デッカード（ハリソン・フォード）が住む家として使われている。遺跡のような模様のタイルでそれと分かる。

物語のカギは
二の建築
私が逃げたら
追ってくる？
マヤ遺跡のような
エニス邸
のタイル

実際は丘の上に立つ明るい高級住宅だが、映画の中では終始うす暗い中年男性の家。それでも、特徴的なタイルが無国籍感を出すのに確実に効いている。贅沢な名建築の使い方に驚かされる。

03

ドラマ

恋仲

（2015年）

スター作家よりも地元豆腐店、『協奏曲』と対極の建築家像

初恋の女性のひと言で建築家を目指すも、なってみてから才能のなさに気づく。恋愛もからんだ青春の大苦悩。その末に見いだした自分なりの建築家像とは……。

「夏の終わり」に見たくなる青春恋愛ドラマだ。毎回のように「花火」のシーンがある。一方で、このドラマは、主人公の青年（福士蒼汰）が「スター建築家」ではなく「普通の建築設計者」の道を選ぶ過程を描く〝青春建築ドラマ〟でもある。

『恋仲』はフジテレビ系列で2015年7月20日から9月14日までの毎週月曜夜9時、いわゆる「月9」枠で全9回放送された。TBSが1996年に放送した『協奏曲』という スター建築家ドラマ（72ページ）と比較すると、「建築家」という仕事の多様さがこの20年

で社会に徐々に認知されてきたことを実感する。

『恋仲』というタイトルどおり、ドラマの本筋は「恋愛」である。

福士蒼汰演じる主人公・三浦葵(あおい)は東京の建築設計事務所で働いている。建築家という夢の入り口に立った葵だが、入社して2年目の夏、事務所のボスから「君はつまらない」と言われ、恋愛も長続きせず、自分の未来が見えない。ある日、富山の高校時代の友人、金沢公平（仲野太賀）から同窓会の連絡。葵は7年間会っていない芹沢あかり（本田翼）の顔が頭に浮かぶ。

葵とあかりは幼なじみ。ともに初恋相手だが、告白できずにいた。高3の夏の終わり、2人で地元の花火大会を見るが、その翌日、あかりは突然姿を消す。父親の借金のために夜逃げしてしまったのだ。

公平の声かけで7年ぶりに東京で再会し

『恋仲』
2015年7月20日から9月14日まで月曜夜9時、フジテレビ系「月9」枠で放送。全9回
脚本：桑村さや香
プロデュース：藤野良太
演出：金井紘、宮木正悟
主題歌：家入レオ『君がくれた夏』
出演：福士蒼汰、本田翼、野村周平、仲野太賀、大原櫻子、吉田羊
制作：フジテレビ

た葵とあかり。だが、あかりは、葵の高校時代の親友で研修医の蒼井翔太（野村周平）と交際していた。

教員試験を目前に控えたあかりと、2人のアオイ（三浦葵と蒼井翔太）の三角関係を軸に、公平と三浦七海（葵の妹、大原櫻子）の恋愛をからめて物語は進む。

ぼんやりした夢が一瞬で「目標」に

男性目線にはなるが、本田翼演じるあかりの〝突然消えていなくなりそうな感じ〟がすごくいい。ドラマを見た人の書き込みを見ると、演技がステレオタイプだという意見もあるようだ。筆者はそうした分野の専門家ではないので的外れかもしれないが、少なくとも高校生時代を演じる彼女は、現実にいそうな魅力的な高校3年生に見える。当時23歳だったとは思えない。

葵は高3の夏、ぼんやりと「建築」という仕事に就くことを考えていた。ある日、あかりにこんなことを言われる。「ねえ葵、建築家になったらこういう家をつくってよ」。手渡

されたチラシの裏には、あかりが鉛筆で描いた間取り図があった。

初恋の相手にそんなことを言われたら、ぼんやりとした夢も一瞬で「明確な目標」に変わる。そこから設計事務所に入るまでの過程はドラマ内では説明されていないが、「あかりの家をいつか設計する」というモチベーションで勉強し続けたことは、説明されなくても分かる。

葵を励ます豆腐店の息子、公平の「名言」

しかし、建築設計という仕事にも当然のことながら、向き不向きがある。そして、この仕事は決して「安定」したものとはいえない。自分の才能に不安になり、将来に展望が描けない。象徴的なのが第7話のこんなやりとりだ。

勤務する設計事務所でミスをした葵。先輩からは担当プロジェクトを外され、ボスの丹羽万里子（吉田羊）からは、笑いながら転職を勧められる。プライベートでは、あかり、翔太との三角関係がグズグズ。明らかに落ち込んでいる葵を励まそうと、公平と七海は葵をもんじゃ焼き店に誘う。

速いピッチで生ビールを飲んだ葵は、普段は口にしない弱音を吐き始める。

葵「建築家もどきのオレと、将来有望なお医者さん、そりゃ医者いくでしょ」

七海「お兄ちゃん、あかりちゃんのことでやさぐれてたんだ」

葵「それだけじゃねーんだよ。考えちゃうんだよね。万里子さん（事務所のボス）みたいな才能ある人と一緒に仕事をしていると、自分のキャパをさ。別にオレがつくらなくても、世の中には優秀な建築家がたくさんいるし……」

そこに、葵を慰めようと、無理矢理割り込んでくる公平のセリフが素晴らしい。公平は実家が豆腐店で、いずれ豆腐店を継ぐことが決まっている。

公平「分かるよ、お前の気持ち。豆腐もさ、オレがつくらなくても、スーパーにたくさん売っているし」

公平役の仲野太賀をこのドラマで初めて見て、「なんていい三枚目俳優！」と思った。その後も、仲野太賀が脇を固めるドラマには、外れが少ない。

唯一登場する「建築」は「うさぎ小屋」

公平のこの言葉は、一見的外れなようでいて、実は「建築ドラマ」としてのこの物語の核心を突いている。どういうことかというと、豆腐店には、全国の誰もが知る〝スター豆腐職人〟はいない。豆腐はスーパーでも普通に売っている。でも、地元の豆腐店には、それとは違う、日常に深く根差した味がある。

同じように、建築設計という仕事も、多くの若者はまず〝スター建築家〟を目指す。しかし、まちはスター建築家だけでできているわけではない。むしろ日常の暮らしを豊かにしているのは、地元豆腐店のような〝小さな個性〟だ。葵は失敗を重ねながらそのことに気づいていく。

このドラマには、目を見張るような建築が一つも出てこない。かろうじて「建築」といえるのは、葵が初めて設計主任を任された「うさぎ小屋」だ。場所は幼稚園。葵はあかりをこの幼稚園に誘い、完成したうさぎ小屋を見せる。鉛筆を立てたような形の小屋のまわりを、円形の広場が取り巻くデザインだ。

あかり「どうしてこの柵は丸く建てたの?」

葵「隅っこをつくらなければ、子どもたちに仲間はずれができないと思ったんだ」
あかり「葵らしい。ここで遊ぶ子どもたちの笑顔が見える気がする。すごいね、葵。夢をかなえたんだね」
葵「でも、うさぎ小屋だよ」
あかり「ううん、すごいよ。葵がつくったもので誰かが笑顔になるってすごいことだよ。なんか元気もらった！」

駆け出しの設計者がつくった建築の褒め方として満点である。これを本田翼に実際に言われたら、よほど自信を失っていても再起してしまうだろう。

「新人コンクール」の課題が予言的

ドラマのクライマックスは、葵が応募した「新人建築設計コンクール」の結果と、あかりが2人のアオイのどちらを選ぶかだ。答えを書いてしまうのはさすがに野暮なのでやめておく。が、新人建築設計コンクールの課題が面白いので、それだけ書いておく。

コンクールの課題は、「100年続く家」だ。持続可能性という言葉は、専門家の間では古くから使われていたが、「SDGs（持続可能な開発目標）」が国連サミットで採択されるのは2015年9月。世の中で普通に耳にするようになったのは2016年に入ってからだ。その前の2015年夏のこのドラマで「100年続く家」という設計課題は、先見的であり、予言的である。

そして、その課題に対する葵の提案が、〝地元豆腐店〟的な味のある内容で好感が持てる。建築ドラマとしては意外に地に足の着いたスタンスなのだ。青春恋愛モノが嫌いでない方にはおすすめである。

04

映画

建築学概論

（2012年）

ラストの「君のための家」は映画史に残る傑作住宅

愛する人の家を設計する——。建築恋愛モノの〝鉄板〟だ。建ち上がった住宅を見て「あれ？」と思うことも少なくないが、この映画は素晴らしい。その理由は……。

映画『建築学概論』は、2012年に韓国で公開され、当時の韓国恋愛映画の興行記録を塗り替えたヒット作だ。この映画のカギとなる住宅は、筆者がこれまで見た映画・ドラマの中で、最も魅力的な住宅である。

まずは、ざっくりあらすじを。

建築学科に通う大学1年のスンミン（イ・ジェフン）は、「建築学概論」の授業で音楽学科の女子学生ソヨン（ペ・スジ）に出会い、一目で恋に落ちる。しかし、奥手なスンミンはなかなか告白できないまま、小さな誤解から離れ離れになってしまう。15年後、建築士になったスンミン（オム・テウン）の前に、ソヨン（ハン・ガイン）が突然現れ、家を建ててほしいと言う。

スンミンは設計事務所の所員。15年ぶりに現れたソヨンに戸惑うスンミンは、「ご主人は?」「なぜ家を建てるの?」と質問を連発する。だが、ソヨンははっきりと答えない。困ったスンミンがぼそっと言う。

「君を知れば合う家を建てられる」——

byスンミン

建築家の特権、うらやましい！　と思ってしまうそんなセリフから物語は一気に加速する。

みんな誰かの初恋だったー。
建築学概論

『建築学概論』
韓国公開は2012年3月、日本公開は2013年5月。117分
監督：イ・ヨンジュ
脚本：イ・ヨンジュ、キム・ジヘ
出演：オム・テウン、イ・ジェフン、ハン・ガイン、ペ・スジ
配給：ロッテエンタテインメント

監督は建築学科出身で元・建築設計者

この後、物語は大学生時代のスンミンとソヨン、15年後のスンミンとソヨンのエピソードが交互に繰り返されながら進む。

物語の伏線として建築のエピソード（大学および設計実務）が数多く盛り込まれている。どれも違和感がない。例えば、音楽学科のソヨンと建築学科のスンミンの出会いは、他学部も受講できる「建築学概論」という基礎講座。「自分の住んでいる町の写真を撮ろう」という課題を通して2人の心が通じ合う、という状況は、確かにありそう。この世界に相当詳しくないと書けない設定だ。

映画を見た後で知ったことだが、この作品を撮ったイ・ヨンジュ監督は元・建築設計者なのだ。脚本もイ・ヨンジュ監督が自ら書いた。以下は監督のプロフィルだ。

「イ・ヨンジュ。1970年生まれ。延世大学の建築学科で学び、10年間建築士として働いた後、映画の世界に転身。ポン・ジュノ監督『殺人の追憶』（2003年）で演出をしながら、映画を学んだ。今作『建築学概論』の企画を温めながら、『不信地獄』（09年）で監督デビュー。『JSA』（00年）で知られる製作会社『ミョンフィルム』と出会って今作が完成した」

10年も建築設計をやってから映画監督に転身とは……。だからエピソードに違和感がないのか。

韓国では「建築学科」はモテる?

イ・ヨンジュ監督は、日本公開時に来日した際、どうして建築設計から映画に転身したのかを問われ、こう答えている。

「設計事務所に勤めていたとき、課長や部長に5年後、10年後の自分の姿を重ねて、『こうなりたくない』と思いました。（映画業界との）共通点というか……低賃金長時間労働は一緒です（笑い）。今後の作品でもう建築をテーマに撮ることはないですが、映画監督として美術、セットの空間を考えるとき、建築で学んだことは役立ちます」（MANTANWEB2013年5月20日付けインタビューより）

低賃金・長時間労働が転職理由って、なんて夢のない……。ちなみに、映画の冒頭でソヨンがスンミンの設計事務所を訪ねてきたとき、スンミンは徹夜明けで上司から起こされたところだった。上司が「徹夜のアピールか」と皮肉を言いながらスンミンを起こすあたりも、設計事務所の現実を知る監督ならではの演出だ。

違和感というわけではないが、日本と韓国の「建築家」の社会的ポジションの違いを感じたシーンもあった。大学時代の2人のやりとり。ソヨンが憧れる建築学科のモテモテ先輩のことを、スンミンが「どうしてあの先輩はそんなに人気があるの？」と聞く。

ソヨン「先輩はハンサムで背も高いし、お金持ちだし、それに建築学科だから」
スンミン「僕も建築学科だよ」
ソヨン「そうね……」

このやりとりを見ると、どうやら韓国では「建築学科の学生はモテる」という共通認識があるようだ。日本ではそう言われてもピンとこない。あれほどリアルな建築エピソードを入れ込む監督なのだから、きっとこのエピソードも本当なのだろう（少なくとも監督の学生時代までは）。

家づくりという共同作業

そして、冒頭に書いた住宅である。スンミンがソヨンの生家に設計する住宅だ。ここから先はネタバレになってしまうので、映画を見るつもりの人は、先に映画を見てから読んでほしい。

スンミンはいくつも住宅のプランをつくり、ソヨンに提案するが、ソヨンはどれもしっくりこないと言う。ソヨンがようやく首を縦に振ったのは、生まれ育ったレンガの家に「増築」する案だった。その家の施工に入り、完成するまでが後半のクライマックス。ほぼ完成という段階で、ソヨンがスンニンに言う。

「これで終わりね。建ててよかった」──by ソヨン

家づくりは大変な作業だが、完成してしまうのは寂しい。そして、あなたとはもう会えない……。これも設計という仕事を知っているから書ける、切ないセリフだ。

ラストの住宅が「第5の主人公」

完成した家のデザインの素晴らしさは映画を見てほしい。「ええっ、そこまで書いておきな

映画の名セリフ
建築編
これで終わりね。
建ててよかった。

がら？」と言われそうだが、そこは監督の想いに応えるためにもやはり映画を見てほしい。

イ・ヨンジュ監督は、前述のインタビューで、この家についてこう語っている。

「この映画のもう一つの大きなテーマが『家』でした。第5の主人公といってもいい。家をどうするのかが大きなウエートを占めていました。ソヨンの家を新築ではなく増築にしたのには意味があります。いつかは自分で増築の設計をしたいと思っていたのと、子どものころの思い出が残っている元の家にさらに建て増しするということがソヨンの人生を表し、映画自体を光らせると思ったからです」

これは想像だが、イ・ヨンジュ監督は初めからこの家のイメージがあって、脚本を書いたのではないか。もしかしたら、この家を実際に形にしたくて映画監督に転身したのかもしれない。映画もよくできているが、この住宅に絞って言えば、「映画史に残る傑作住宅」であると筆者は思うのである。

物語のカギは
この建築
海を見下ろす
丘に立つ、
ソヨンの生家

COLUMN

名建築ここにあり！ 海外編

映画『未来世紀ブラジル』（1985年）

ディストピアを印象づける ボフィル設計の集合住宅

物語のカギは
この建築
カルトな未来都市の
シーンに全く異和感がない
パレ・アブラクサス

情報統制が進んだ「20世紀のどこかの国」を描くSF映画『未来世紀ブラジル』。監督はイギリスのコメディーグループ「モンティ・パイソン」のメンバー、テリー・ギリアム。建物内に張り巡らされた太いダクトなど、チープなメカを多用して情報社会を揶揄する。終盤で数秒ながら鮮烈な印象を残すのが、円弧状の高層ビル。CGにも見えるが、スペイン出身のリカルド・ボフィルが設計した集合住宅「パレ・アブラクサス」（1982年、フランス）だ。誇張された古典様式の外観は、カルトなディストピア（反理想郷）にぴったり。ボフィルは日本でユナイテッドアローズ原宿本店や東京銀座資生堂ビルなどを設計した。2022年、新型コロナの合併症により逝去。

05

ドラマ

冬のソナタ（2002年）

韓流ラブストーリーの金字塔、伏線の弱さゆえの“King of Kings”

〝韓流3大建築家ラブストーリー〟と名付けて、映画『建築学概論』と『私の頭の中の消しゴム』を取り上げた。残る1本は、社会現象となったこのドラマだ。

『冬のソナタ』は、2002年に韓国のKBS第2テレビジョンで放送された全20話の連続テレビドラマである。1話は正味約60分と日本のテレビドラマよりも長い。しかも韓国では、2002年1月14日〜3月19日の約2カ月間に、週に2回放送していたという。韓流ドラマ、恐るべし。

日本ではNHKが2003年にBSで放送して大反響を呼び、翌年には総合テレビでも放送した。主演はペ・ヨンジュンとチェ・ジウ。「冬ソナ現象」と呼ばれる大ブームを巻き起こし、世界的な「韓流ブーム」のきっかけとなった作品として知られる。

筆者も「冬ソナ現象」が吹き荒れる2004年ごろに、全20話を見た。建築雑誌の記者をしていたので、ペ・ヨンジュンのカッコよすぎる建築家像が強く印象に残った。今回、この原稿を書くために約20年ぶりに見返してみた。すると、印象に残っていた建築家像は記憶の塗り替えで、実際とかなり違うことが分かった。それでも、"King of Kings" の座は揺るがない。どういうことか。

『冬のソナタ』
韓国ではKBS2で2002年1月から放送。日本ではNHKBSで2003年4月から放送。全20話、平均約60分
原題：겨울연가（冬の恋歌）
監督：ユン・ソクホ
脚本：キム・ウニ、ユン・ウンギョン
出演：ペ・ヨンジュン、チェ・ジウ、パク・ヨンハ、パク・ソルミ

死んだはずの初恋の人が発注者兼建築家

本書では、物語をこれから見る人のために、できるだけオチを書かずに話を展開するようにしている。しかし、今回はオチを書かないと、建築家像を分析できないので、ネタバレ原稿となることをご容赦いただきたい。

韓国の春川（チュンチョン）に住む高校生のチョン・ユジン（チェ・ジウ）は、キム・サンヒョク（パク・ヨンハ）と幼なじみで、同じ高校に通っている。ある日、謎めいた雰囲気のチュンサン（ペ・ヨンジュン）が転校してくる。ユジンはチュンサンに恋心を抱く。初雪の日、チュンサンとユジンは湖畔でキスを交わし、大晦日に会う約束をする。しかし、約束の日に、チュンサンは来ない。ユジンは雪のなかでチュンサンを待ち続ける。翌日、「チュンサンは事故で死んだ」と知らされる。

10年後、ユジンはインテリア設計事務所で働き、ラジオ局のプロデューサーとなったサンヒョクと婚約していた。婚約式の日、会場に向かうユジンは街でチュンサンに似た男性

を見かけて追いかけ、婚約式は中止になる。チュンサンに似たミニョンは、ユジンが引き受けたスキー場の改装設計を依頼した不動産開発会社の理事で、元・建築家だった。ミニョンは、事故で記憶を失ったチュンサンである。

一緒に仕事をする中で、ユジンは心の壁をつくりながらも、次第に惹かれていく……という話だ。

ドラマをご覧になった方は、記憶が蘇ってきただろうか。

最終回でようやく「建築家」だったことを思い出す

20年ぶりに見返して意外だったことの一つは、チュンサンが「建築家」としてのすごさを発揮するのは、最終回だけということだ。

社会人になった二人が再会するのは、第3話。チュンサンが実業家（不動産開発会社の理事）であり、元・建築家であるということは、ユジンが勤めるインテリア設計事務所「ポラリス」での同僚たちのやりとりの中で説明される。「理事は美術館も設計したらしい」「建築の賞も受賞している」と。

しかし、その後、「建築家」としての実力を発揮するシーンはなかなか現れない。前半の舞台となるスキー場の改装でも、デザインの仕事はユジンに任せきりだ。そのうち「元・建築家」というフレーズも忘れそうになる。突然、そうか建築家だった、と思い出すのは最終回の序盤だ。

医師から失明の可能性があると言われたチュンサンは、ユジンからもらった「不可能な家」の模型を基に、徹夜で設計図を描く。この模型は、ユジンがインテリアデザイナーとして駆け出しのころ、〝建設不可能〟と言われた思い出のプロジェクトだった。

ユジンは、自分がかつてデザインした「不可能な家」が実際に建てられていることを雑誌で知る。その案を知っているのは、事務所の仲間とチュンサンだけだった。「不可能な家」の場所を調べて訪れたユジンは、チュンサンと再会。2人は海を照らす夕日の中で抱きしめ合う……。これがエンディングだ。

完全にネタバレで申し訳ない。だが、最終シーンを書かないと、建築家としてのチュンサンを語ることができないのだ。

ラストへの伏線がもっと強ければ……

このドラマ、いろいろな点で伏線が弱い。伏線が全くないわけではないのだが、「あれはそういう意味だったのか」という回収感が薄い。

まず、最初からこういうエンディングにするつもりならば、第1話～3話の高校生時代に、2人がそろって「建築の道」に進みそうなエピソードを入れるべきではないか。見返してみると、ユジンの方は、妹をモデルにしてデッサンを描くシーンがあって、インテリアの道に進んだことが何となく納得できる。しかし、チュンサンの方は、数学の天才であることは語られるが、建築に進む予感が全くない。

「愛する人の家を建てる」というラストシーンにつながる伏線もそう。再会直後の雪の中のシーンだ。

チュンサン（ミニョン）「結婚したらどんな家に住みたい？」
ユジン「考えたことないです。好きな人ができると、自分の理想の家を描くものでしょう。外観はどうでもいいんです。お互いの心が一番の家だろうから」

有名なシーンだが、ユジンの答えが、分かったようで分からない。結果として、ラストシーンの舞台となる「不可能な家」が、どうすごいのか（チュンサンが建築家としての腕をどう発揮したのか）がよく分からない。冬ソナ大ファンの方には申し訳ないが、筆者には、海辺によくありそうな高級別荘にしか見えない。

「不可能な家」の模型と実際が違い過ぎ？

これは一部ファンの間で放送当時から指摘されていたことらしいが、最終話を何度か見返してみると、ユジンがつくった「不可能な家」の模型と、実際の舞台となった海辺の家のデザインがかなり違うことに気づく。ファンはこれを「コストオーバーのために建設不可能だったユジンの案をチュンサンが建設可能にした」と肯定的に解釈しているようだ。

まあそう言えなくもないが、普通に考えれば、模型のシーンと現実のロケ地が違ったということだろう。夢を現実にするための設計修正にしては、あまりに形が違い過ぎる。ユジンが「私が過去に設計した家だ」と気づいたのが奇跡とも思えるほどの変化だ。

物語のカギは
この住宅
不可能な家
ユジンがつくった模型。
実際のラストシーン。

もし筆者がこのドラマの監督か脚本家だったら、ラストシーンは絶対に「雪の中に立つ家」にする。それまでのポイントとなるシーンはほぼすべて雪の中だ。タイトルも『冬のソナタ』なのだから、それが一貫性というものだろう。

しかし、前述したように韓国では週に2回、各1時間のハードな放送。しかも、チュンサンは最終話で死んでしまう予定だったものが、ファンのリクエストでラストが変わったともいわれる。1月14日～3月19日という放送期間を考えると、最終話の撮影では、雪のロケ地が見つからなかったのではないか。それで、やむなく海辺の家に変更したのでは……。どうしてもそんなことを考えてしまう。

しかし、海辺のラストシーンは、ビジュアルとしては映えた。雪が続くドラマの中で、ある種の開放感があった。NHK地上波放送の最終話は、夜11時台の放送にもかかわらず関東で20・6％、関西では23・8％の高視聴率を記録した。

「伏線が」とか「一貫性が」とかを超えて、ピュアな2人の愛と美しい映像が視聴者の心をとらえたのである。そして、「愛する人のための家を実現できる建築家ってかっこいい」という強烈な記憶を視聴者に刷り込んだ。男の筆者ですらそう記憶しているわけだから、いわんや女性ファンをや、だろう。

冬ソナの不完全さが後続を刺激した？

そして、このドラマはつくり手たちにも影響を与えた。乗り越えるべき目標として。

どういうことかというと、つくり手というものは、「伏線が」とか「一貫性が」とかをどうしても気にするものなのである。後に製作された映画『建築学概論』（韓国公開は2012年）と『私の頭の中の消しゴム』（韓国公開は2004年）の製作者たちが、『冬のソナタ』を見ていないはずがない。「自分ならもっといいものがつくれる」と思ったのではないか。

この3本の中で内容に優劣はつけづらいが、後のつくり手たちに創作上の刺激を与えたという点で、『冬のソナタ』が“King of Kings”であることは揺るがないと筆者は思うのである。

PART 2

建築家はつらいよ

建築家はモテる一方で、精神的に過酷な職業である。多くの芸術作品と違って、建築はクライアントから資金を得ないと実現しない。にもかかわらず、目先のことばかり考えているクライアントには、「NO」と言わなければならない。そして、より良いものを考える行為はエンドレス。あなたならそんな仕事を一生続けられますか。

06

映画

摩天楼（1949年）

ゲーリー・クーパーが演じた妥協しない危険な建築家

建築家は常に何かと闘っている。つらい職業だ。建築家映画の先駆けといわれる『摩天楼』は、そのつらさを描いたものだが、建築家の突飛な行動にはあ然とする。

モノクロ映画である。よってイラストも、ポスター模写以外はモノクロ調にした。アメリカで1949年に製作された映画『摩天楼』だ。「建築家を主人公にした本格映画」の先駆けといわれ、映画通の建築好きの会話の中でしばしば話題に上る映画だ。主演は往年の名優、ゲーリー・クーパー。

恥ずかしながら、筆者は見たことがなかった。見て、あ然とした。想像していた内容と全く違っていたのだ。そして、主演がゲーリー・クーパーなのに、それほどメジャーな作品とならなかった理由も分かった。

『摩天楼』は、女性作家アイン・ランドのベストセラー小説『水源』（1943年に出版）を、ランド自身の脚本で映画化したものだ。

ハワード・ロークは全く妥協しない建築家

ゲーリー・クーパーが演じるのは、ハワード・ロークという孤高の建築家。装飾を排除したモダニズムデザインの建築家で、一部では、その突出した才能を認められていた。しかし、理想主義者のため、「妥協」となる相談には全く同意しない。あちこちでトラブルの

『摩天楼』
アメリカでは1949年7月公開、日本では1950年12月公開。114分
原題：The Fountainhead
監督：キング・ヴィダー
脚本：アイン・ランド
原作：アイン・ランド『水源』（1943年）
出演：ゲーリー・クーパー、パトリシア・ニール、レイモンド・マッセイ、ケント・スミス
配給：ワーナー・ブラザース

種となり、実作は数えるほどしかない。

一方、ロークと同期の建築家、ピーター・キーティング（ケント・スミス）は、ロークとは真逆の道を歩んでいた。世渡りの才能と利益を生む妥協によって、名前は経済界に知れ渡り、多くの仕事を抱えていた。

この2人の生きざまが対比的に描かれる。例えば、仕事のないロークを心配して、キーティングが事務所を訪ねる序盤のシーン。

キーティング「こんなお前は見たくない。スタートは一緒なのに」
ローク「何しに来た」
キーティング「旧友を助けたくてね」
ローク「いらん」
キーティング「強がるな。理想を求めても孤立するだけだ。妥協しろ。大衆が望む建物を設計すれば金も名誉も手に入る」

映画のセリフ17
建築編
妥協しろ。
大衆が望む建物を設計すれば、金も名誉も手に入る。
何しに来た？
↓ハワード・ローク
同期の建築家キーティング

ローク「俺が望んで孤立しているとでも？　帰ってくれ」

ラブ&サクセスかと思いきや……

ヒロインはドミニク・フランコン（パトリシア・ニール）。『ニューヨーク・バナー』紙のコラムニストで、資産家のお嬢様でもあり、社交界の花形。ドミニクは新聞のコラムで、ロークの建築を評価したことがあるが、映画の序盤では面識はなく、顔も知らない。

ロークは、自分の信念を貫ける仕事を見つけることができず、ついには、採石場で日雇いの石工として働き始める。その採石場はドミニクの父が経営者で、近くの別荘を訪れたドミニクは、ロークにひと目ぼれする。

そこから2人の恋はどうなる？　ロークは建築家として大成できるのか？　……という話の展開だ。

そこまでならば、想像どおりのラブロマンス&サクセスストーリーなのだが、「想像と全く違う」のは、ロークの度を超えた理想主義者ぶりだ。

図面どおりに進まない集合住宅を……

いったんは石工となったロークだが、ガソリンスタンドなど小さな仕事から設計の実績を重ね、それなりの社会的評価を得るようになる。

建築編
映画の名セリフ
設計の仕事がなくなり、
石工になったローク。
現場監督か？
失礼ね。
いつだって
クビに
できるのよ

そんななか、世渡りだけで人気建築家になったキーティングが、メディア注目の大規模集合住宅の設計を受注する。ところが、自分の設計力では周囲の期待に応えられる自信がなく、秘かにロークの力を借りたいと申し出る。ロークは、自分の名前を出さなくてもよいし、報酬もいらないが、一つだけ条件を守るなら設計に協力すると言う。それは「自分が描いた図面を絶対に変えないこと」だ。

しかし、いろいろな関係者の思惑が交錯し、設計案はロークが描いた図面から改変されて、工事が進んでいく。どうする、ローク？

ロークのことを心配するドミニクに、ロークは「夜に集合住宅の現場に車で連れていってほしい」と頼む。その夜、車で現場に着いたドミニクは、警備員に声をかけ、警備員を外におびき出す。すると、暗がりの中、完成間近の集合住宅は、閃光と轟音とともに崩れ落ちる。ロークが爆破したのだ。それまでもロークの行動に少しずつ違和感が積み重なっていたのだが、このシーンでは、思わず「えーっ」と声を出してしまった。

実は建築家の本質を描いている？

この後、裁判にかけられたロークが、法廷で自身の正当性を主張する演説が、映画のクライマックスとなっている。その内容と、判決の白黒は、映画をご覧いただきたい。判決にもあ然とした、ということだけ記しておく。

この映画は、米国の批評家たちの評価が芳しくなく、「感情移入の余地がない」といった酷評もあったという。興行的にもヒットしなかった。当時のアメリカ人も筆者と似た反応だったんだなと知ると、ちょっと安心する。しかし、原作の『水源』は大ヒットした。おそらく原作には、映画ではしょられているエピソードに、ロークに感情移入できる説得力があるのだろう。原作は1000ページを超える大作なので、筆者にはまだ読む勇気がない。

とはいえ、この映画を少し引いて考えてみると、ロークの仕事に対する姿勢には、「建築家」という職業に特有の〝ある善悪感覚〟がはっきりと表れている。それは、「クライアントの言うことを聞かないことも、ときには善」という考え方だ。

えっ、クライアントの言うことを聞かないなんて悪に決まってるじゃん。そう思われるかもしれない。職人だって、料理人だって、医者だって、弁護士だって、大抵の職業はクライアントの望む業務を遂行する。

しかし、建築家という職業は、「建物が完成した後の10年先、20年先、ときには100

年先」を考えている。クライアントが要求するものが、目先のことや自分のことしか考えていない場合には、「NO」と言うことも建築家の仕事なのだ。原作者は、そのことを「爆破」という極端な手法を取ることによって、考えさせたかったのだろう（私には共感できないが）。

ところで、映画の中に登場するロークの建築物や計画案は、どことなくフランク・ロイド・ライト（1867〜1959年）の建築を連想させる。だが、ライトはこの映画に関わってはいない。脚本には、「建築はフランク・ロイド・ライトは協力せず、美術担当者がそれっぽく描いたらしい。

映画のカギは
この建築
作品の中に登場する
ローク設計の建物は
F.L.
ライト
を連想させる。
しかし、ライト本人は、
映画への協力依頼
を断ったという。
No!

ライトのスタイルで」と指示があったが、

それはそうだろう。そうでなくてもライトを連想させるエピソードもあり、そのうえ、「ライト本人も協力」となったら「ライトってこんなにクライアントの言うことを聞かない人なんだ」と思われ、仕事が減る。そんなエピソードも踏まえて見ると、より「建築家とは何か」について考えさせる映画だ。

COLUMN

名建築ここにあり！ 海外編

映画『ガタカ』（1997年）

天窓を生かした発射シーンはライトの遺作「マリン郡庁舎」

無機質な近未来を描くディストピアものながら、最後には見る者に勇気を与える異色のＳＦ。遺伝子操作で生まれた「適正者」と、自然妊娠で生まれた「不適正者」が明確に分けられた近未来。イーサン・ホーク演じるヴィンセントは、自然な生き方を求める両親によって自然妊娠で生まれた不適正者。それでも宇宙への憧れが強く、最難関の宇宙飛行士を目指す。タイトルの「ガタカ」は、宇宙開発企業の名前。その社屋として使われるのがフランク・ロイド・ライトの遺作、「マリン郡庁舎」（没後の1963年に完成）だ。長いアーチ状の天窓が、ロケットの発射シーンで効果的に使われる。序盤では、清掃員時代のヴィンセントが建物の屋上を掃除するシーンも。

物語のカギは
この建築
宇宙開発企業
「ガタカ」の社屋は
マリン郡庁舎
いつか…

07

映画

みんなのいえ（2001年）

三谷幸喜が見抜いた「妥協」という建築家の本質

建築家にとって「妥協」は最もつらいことの一つだ。しかし、妥協は創造にとって悪なのか？　監督・脚本の三谷幸喜は、笑いの中で〝建築家の本質〟を問う。

前項で、一切の「妥協」を許さない建築家の映画『摩天楼』について書いた。ここでは、それとは真逆の映画を取り上げてみたい。NHK大河ドラマでも話題になった三谷幸喜が自ら脚本を書き、監督したコメディー映画『みんなのいえ』（2001年公開）だ。

三谷幸喜がデビュー作の『ラヂオの時間』（1997年公開）に続いて撮った2作目の監督作品である。三谷の得意とする群像劇で、主役級は2人。唐沢寿明が演じるインテリアデザイナーの柳沢英寿と、田中邦衛が演じる大工棟梁、岩田長一郎だ。

放送作家の飯島直介（田中直樹）と美術教師の民子（八木亜希子）夫妻は、念願のマイホームの設計を、民子の美大時代の同級生であるインテリアデザイナーの柳沢英寿に依頼する。民子の父は、大工棟梁の岩田長一郎。民子はその家の施工を、親孝行も兼ねて長一郎に任せることにする。

長一郎と柳沢の関係がどんどん悪化

最近、下請け仕事しかしていなかった長一郎は、久々の元請け仕事に大張り切り。設計の柳沢は、店舗の内装設計や家具のデザイン・修復が専門で、家の設計は初めてだった。こちらも、いつか家を丸ごと設計してみたかったと張り切る。直介・民子夫妻は、柳沢が「住宅未経験」であることを承知で依頼したのだが、それが2人の想像を超えて、柳沢と長一郎の大きな溝となっていく。

おーい、家が建つぞー
脚本と監督　三谷幸喜
みんなのいえ

『みんなのいえ』
2001年6月公開。115分
監督：三谷幸喜
脚本：三谷幸喜
出演：唐沢寿明、田中邦衛、田中直樹、八木亜希子
配給：東宝

映画のタカセリフ
建築編
さすが
美術大学出
の人は違うなー
むっ
ひと目見て
高さオーバー

序盤は、その溝が開いていく過程に、心がヒリヒリする。例えば、柳沢が描いた完成予想図を見て長一郎が言うセリフ。「これはあなたが？　さすが美術大学出の人は違うなあ……」。褒めているのではない。プロならば、ひと目見て敷地の「高さ制限」を超えていることが分かるのだ。「申し訳ないが、もう一度考えてきてもらえますかねえ」

最初は衝突を避けたものの、以後、長一郎は柳沢のことを、「大先生」と皮肉を込めて呼ぶようになる。そして、徐々に歯に衣着せぬやりとりになっていく。

「玄関ドアはアメリカでは内開きが多い」と主張する柳沢に、長一郎は言う。「ここはどこだよ、ここは日本じゃねえのかよ」

それに対して柳沢が「今回のテーマはアメリカニズムだ」と抵抗すると、長一郎はこう言い放つ。「だったらアメリカンのカーペンターに頼めってんだ。悪いがオレは降ろさせてもらうよ」

長一郎演じる田中邦衛は2021年に亡くなったが、改めていい役者だなと思う。「ザ・昔気質(かたぎ)」というイメージだ（あくまでイメージ）。理屈ではなく、経験と衝動で動く。この役、今だったら誰ができるんだろうか。

「アーティストとしての誇り」

気の強さでは負けない柳沢だが、なにしろ住宅の設計経験がないので、長一郎にほぼ言われっぱなし。もめると長一郎の肩を持つクライアントの飯島直介に、こう八つ当たりする。

「オレのポリシーはね、飯島さん。職人である前にアーティストでありたいんですよ。食べるためには働かなければいけない。でも、アーティストとしての誇りは失いたくはないんです」

アーティストの比較対象は「職人」ではないだろうと思うのだが、気持ちはわかる。

映画の名セリフ
建築編
オレは職人である前に
アーティストでありたいんですよ。
それ、クライアントに言う？

大部分は柳沢が妥協する形で図面は仕上がり、いよいよ工事が始まる。現場に入っても柳沢の主張はことごとく長一郎や職人たちからダメ出しされる。挙句には、無許可で間取りを変更する。長一郎は自分が力を入れたい和室を勝手に大きくして、建て方（柱梁の組み上げ）を終えてしまうのだ。

ある出来事をきっかけに和解

映画のカギは
この住宅
オレは先生のこと
大嫌いだけど
ふっ
この家は
好きだ。

コメディー作品とはいえ、ちょっと柳沢がかわいそう過ぎる……。そう思い始めた中盤辺りから、流れが変わる。さすがは三谷幸喜。ここから見事なハッピーエンドへと向かっていくのだ。

きっかけとなる素晴らしいエピソードは、映画を見てほしい（そう来たか！　と思った）。ざっくり言うと、長一郎があることを通じて、柳沢の感覚が自分に近い、と気づくのだ。

その出来事以降、2人は意地を張りつつも力を合わせるようになり、直介と民子のマイホームは完成する。柳沢は、「この家はどこもかしこも妥協だらけだ」と苦笑いしながら言う。

しかし、お披露目会に集まった人たちは、直介と民子はもちろんのこと、関わった職人たちもみんな幸せそう。現場で柳沢と対立していた若い職人は、「オレは先生のことは大嫌いだけど、この家は好きだ」と言う。映画はこうあるべし、という大団円だ。

設計を依頼するならどちらのタイプ？

コメディー映画としてどうなのかはさておき（建築関係者はたぶん前半あまり笑えない）、〝建築映画〟あるいは〝家づくり映画〟としては傑作だと思う。

三谷幸喜は、自身の体験をもとにこの脚本を書いたという。三谷は、前回取り上げた『摩天楼』と同様、「ときにはクライアントに対してノーと言う」建築家の特殊性を物語の中心に据えた。作家は、そういうところに建築家の面白さを見いだすものなのだろう。

だが、その〝本質〟の捉え方は逆方向だ。『摩天楼』は、全く妥協しない建築家の強い意志を称え、『みんなのいえ』は、妥協のなかで自分を表現する道を探る姿勢を称える。どちらも間違いではなく、実際、どちらのタイプの建築家もいる（誰とは言わないが）。

もし、あなたが家を建てるなら、どちらのタイプに設計を頼みたいだろうか。摩天楼タイプに頼む覚悟はあるか。これから家を建てようという人は、2つの映画を続けて見てみるのもいいかもしれない。

08

ドラマ

協奏曲

（1996年）

三角関係に突っ込みつつも師匠超えの切なさに共感

田村正和が演じるのはスター建築家。目をかけた若手建築家が頭角を現し、自分を超える。グズグズな恋愛を脇に置いて見ると、〝師匠超え〟の切なさが胸にしみる。

俳優の田村正和さんが2021年4月に亡くなった。筆者が目にした記事の一つに、「唯一無二の刑事像を作り上げた」というフレーズがあった。これは、誰もが知る刑事ドラマ『古畑任三郎』を指しているわけだが、私の中では俳優・田村正和は「唯一無二の建築家像を作り上げた」人である。1996年放送のドラマ『協奏曲』のことだ。とはいえストーリーをほとんど忘れてしまっていたので、四半世紀ぶりに見返してみた。

『協奏曲』は1996年10月～12月に、TBSの金曜夜10時から放送された連続ドラマである。田村正和（当時53歳）、木村拓哉（当時24歳）、宮沢りえ（当時23歳）という豪華キャストの共演、歳の差30歳のイケメン2人による恋愛バトルが話題になった。

ドラマ史に残るオープニング

ストーリーをほとんど忘れてしまっていた、と書いたが、オープニングのシーンだけは鮮明に覚えていた。見返してみたら記憶どおりで、それにまず驚いた。オープニングだけならドラマ史に残るのではないか。こんなオープニングだ。

独学で建築家を目指す貴倉翔（たかくらかける）（木村拓哉）は、鎌倉の海岸近くの安アパートで、榊花（はな）

『協奏曲』
1996年10月11日から12月13日に、TBSの金曜夜10時「金曜ドラマ」枠で放送。全10回
脚本：池端俊策
プロデュース：八木康夫、磯山晶
演出：清弘誠、竹之下寛次
音楽：バート・バカラック（編曲：若草恵）
出演：田村正和、木村拓哉、宮沢りえ、石倉三郎、佐藤慶、木村佳乃
制作：TBS

建築編
ドラマの名ゼリフ
天使の国から来た。
なぜ海から？

（宮沢りえ）と暮らしていた。設計の相談を受けている教会の実寸図を浜辺に棒で描いていると、波の中に人の頭が見え隠れしているのに気づく。波の中を浜辺に向かってくる男性だ。男性はタキシードに蝶ネクタイ。ずぶ濡れだ。

その男性は、翔が憧れるスター建築家の海老沢耕介（田村正和）だった。耕介は船上で行われていたパーティーで誤って海に落ち、この浜辺に打ち上げられた。翔は憧れの耕介の顔を知らない。

翔はずぶ濡れの耕介に言う。「大丈夫ですか」「どこから？」。耕介は（田村正和らしい独特の間で）こう答える。「ふふっ、天使の国から」。そう言うと、気を失ってしまう。

このシーンだけで矢継ぎ早に突っ込みたくなる。どういう状況でタキシードのまま船から落ちた？　この現代に、なぜ憧れの建築家の顔を知らない？　船上パーティーに出席するような社交的な建築家がこれまで顔出しNGだったのか？　死ぬかもしれない状況なのに、なぜ名前を名乗らない？……などなど。

おそらく25年前にも心の中でそう突っ込んだと思うが、それでもこのシーンを鮮明に覚えていたのは、海から現れるタキシード男性の映像が美しく、かつ、浜に上がったずぶ濡れの田村正和がなんとも形容しがたい男のオーラを醸し出しているからだ。

振り回される2人の男に〝同情〟の念

実は、この海からの登場シーン、その後の物語の伏線にはなっていない。2人の出会いはパーティー会場とか建設現場とかの方が自然に思える。このシーンは単に、濡れたマサカズのオールバックの頭を見せたいだけの演出かもしれない。それでも、キムタクファンには申し訳ないが、このオープニングは完全にマサカズの勝利に思える。

ドラマは全10話で、基本は花を巡る三角関係と、翔が建築家として成長していく過程の話だ。

オープニングほどではないものの、毎回突っ込みたくなる要素が満載。特に、三角関係の方は、花のあまりの優柔不断さに後半はイラッとさえしてくる。しかし、一方で、花を演じる宮沢りえのかわいさは、確かに男ならば「いい加減にしろ」と突き放すことはできない。決断できない花に、いつまでも振り回される2人。普通のドラマならば2人のイケメンに「こんな男はいない」と〝嫉妬〟が湧きそうなところだが、このドラマでは〝同情〟の念が湧いてくる。これが制作陣の狙いだとすると、なかなかに高度な脚本だ。

かっこ悪さもかっこいい？

象徴的なのが、翔のこのセリフ（第2話）。まだ建築家として芽が出ていない時期に、将来を不安がる花とケンカした直後に、耕介に言うセリフだ。

「皮肉ですよね。設計図描きがてめえの人生うまく設計できないって」

すると、バツイチの耕介（仕事にのめり込み過ぎて妻に出て行かれた過去を持つ）は、小声でこう返す。

「みんなそうだよ、みんな……」

田村正和演じる耕介は、振る舞いはいちいちかっこいいが、建築家としてはさほどかっこよくない。

例えば、施主が言うことでも、納得できない

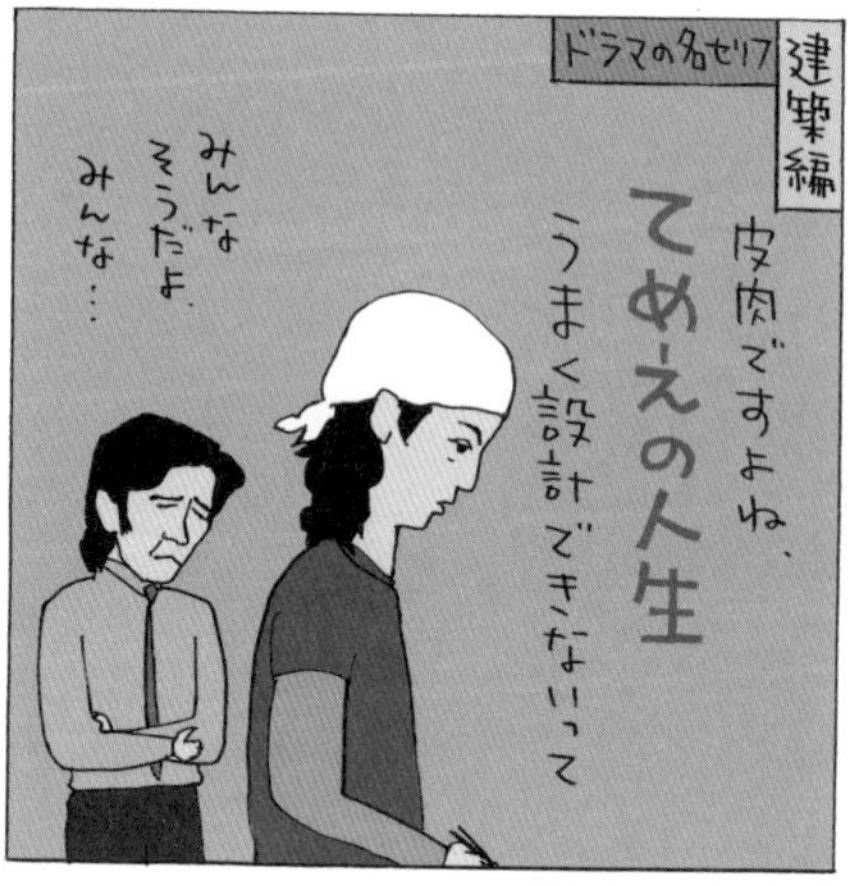

ドラマの名セリフ
建築編
皮肉ですよね、
てめえの人生
うまく設計できないって
みんな
そうだよ
みんな…

ことには耳を貸さない。事務所では怒ってばかりいて、所員に煙たがられている。納期が近い図面を破る。当たり前のようにスタッフに徹夜を強いる。設計事務所のある一面としてはかなりリアルだ。今だったら、こういうブラック職場は堂々と描きにくいと思うが、90年代半ばのドラマはまだそれが許された時代だったのだろう。

翔のデビュー作はあの名建築！

物語の山場の一つは、翔の〝師匠超え〟だ。上司としてはブラックな耕介だが、建築を評価することにおいては無色透明で、偏屈さはない。例えば、翔の才能を認めるこのシーン（第7話）。翔が長年温めてきた教会の設計案に、あるデベロッパーが建設費の支援を申し出て、デビュー作の教会が実現する。そのデベロッパーの社長、辰巳（佐藤慶）は、若い頃は建築家を目指していて、耕介とも知り合いだった。耕介は翔から教会を見てほしいと言われ、その教会で辰巳社長と会う。辰巳社長は耕介にこう言う。「教会というより体育館だな。彼（翔）には本当に才能があるのかね？」

耕介はこう答える。

「700人がここに集まったときに、ここに来てみればいい。夕日が差し込む時間にここに来てみればいい。誰も装飾が足りないとは思わない。人間と光が十分に空間を埋め

ている はず」

「彼の才能は普通じゃない」

このやりとり、見ているとすごく説得力がある。なぜなら、ロケ地の教会がまさにその通りの空間だからだ。それもそのはず。この建築は、日本建築界の大御所である槇文彦氏（1928年〜）の設計で1995年に完成した「東京キリストの教会」だ。デビュー作でいきなりこのクオリティーの建築を実現したら、私でも「彼の才能は普通じゃない」と言う。放

送前年に完成したばかりのこの建物を調べ、ロケの協力を得た制作チームのお手柄だ。

翔が設計した教会は、その年の建築賞で、耕介が設計した住宅を破って大賞を取る。ドラマの終盤は、飛ぶ鳥を落とす勢いの翔と、次第に仕事がなくなる耕介という、序盤と逆の状況が描かれる。

この建築
ドラマのカギは
装飾が少ないって？
人間と光が空間も埋めるはず。
ロケ地：東京キリストの教会（槇文彦）

これ以上はストーリーを書かないが、思うに、このドラマはもし「花をめぐる恋の駆け引き」がなかったとしたら、「建築家の師弟のドラマ」として、かなりのリアリティー感を

持って記憶されただろう。インパクトのあり過ぎるずぶ濡れオープニングと、グズグズな三角関係の印象だけでこのドラマが語られるのはもったいない。これから見る人は、ぜひ建築家師弟の葛藤のドラマという視点で見てほしい。

ちなみに、ドラマの制作者のクレジットをじっくり見ていると、最後の方に「協力：椎名英三建築設計事務所」と出てくる。WEBサイトで椎名英三氏（1945年〜）の作風や本人のダンディーさを知ってから見ると、さらに味わい深いかもしれない。

09

ドラマ

ノースライト（2020年）

住宅設計者の心の底を描いた誰も死なないミステリー

住宅設計者が自ら手掛けた住宅を「作品」と呼ぶことがある。そんなマインドを持つ人間にとって最もつらい状況とは？　そこから始まる異色のミステリーだ。

2019年に単行本が出版され、ミステリー好きの間で大きな話題を呼んだ横山秀夫氏の小説『ノースライト』のドラマ化だ。NHK総合「土曜ドラマ」枠で2020年12月12日に前編が、12月19日に後編が放送された。「建築士」が主役、「住宅」と「設計事務所」が舞台の濃厚建築ストーリーである。

本書では基本的に「建築家」という言葉を用いているが、この作品は原作もドラマも「建築士」という言い方にこだわっているので、「建築士」でいく。もちろん、その呼び方には理由がある。

「お任せ」で設計した家には誰も……

ストーリーの大筋はＮＨＫのサイトから引用する。

「『あなた自身が住みたい家を建てて下さい』。それがＹ邸の依頼人・吉野陶太（伊藤淳史）から、建築士・青瀬稔（西島秀俊）に託された唯一の注文だった。バブルが弾けて以降、妻・ゆかり（宮沢りえ）とも別れ、流れ作業のような仕事に身を任せていた青瀬にとって又とない機会だった。建築予定地は信濃追分。青瀬は所長・岡嶋昭彦（北村一輝）の応援

『ノースライト』
NHK総合2020年12月12日（土）、19日（土）夜9時「土曜ドラマ」枠で放送。73分、全2話
原作：横山秀夫『ノースライト』
脚本：大森寿美男
演出：笠浦友愛（NHKエンタープライズ）
制作統括：佐野元彦（NHKエンタープライズ）、長谷川晴彦（ロボット）、訓覇圭（NHK）
出演：西島秀俊、北村一輝、田中麗奈、宮沢りえ、柄本時生、田中みな実、伊藤淳史、寺脇康文

を受け、すべての思いを託してY邸を完成させた。依頼人・吉野陶太の家族も満足そうであった。だが、その一年後、吉野陶太一家が、その吉野邸に引っ越していない事が発覚する。Y邸の中にあるのは、ブルーノ・タウトゆかりの椅子だけ。吉野一家に、一体、何が起こったのか？」（ここまで公式サイトの内容紹介から引用）

ミステリードラマだが、誰も殺されないし、襲われもしない。刑事も探偵も出てこない。物語の謎は、「建築士が渾身のエネルギーでつくり上げた住宅に、誰も住んでいない」ということ。なるほど、こんなことが謎解きの種になるのか。まず、そのことにびっくりする。

施主が住まなければ「完成しない」

謎を追うのはY邸を設計した青瀬と、大学建築学科の同級生で今は青瀬の勤め先の設計事務所を主宰する岡嶋。この2人のダメな感じが実にいい。ナイス・キャスティングだ。主役の青瀬の思いを象徴するのが、このセリフ。

「Y邸は吉野さんのために建てたんだ。吉野

さんが住まなければＹ邸は完成しない」——by青瀬稔

タイトルの「ノースライト」とは、「北からの光」のことである。「あなた自身が住みたい家を」という吉野の要望に応え、青瀬は北側の浅間山に向けて大開口を設けた住宅を設計した。住宅は完成し、吉野夫妻はあんなに喜んでいた。設計料ももらっている。早々にメディアに評価され「平成すまい２００選」に掲載された。それを見た人から依頼が相次いでいる。すべてが上り調子だ。しかし、肝心の建て主家族が引っ越しせず、姿をくらましてしまった。

「作品」と「そうでない建物」の差

雑誌に載るような住宅を数多く設計してきた建築士であれば、「ビジネス的には成功だった」で流してしまうところかもしれない。

しかし、青瀬はかつて設計の才能を周囲から期待されながらも、これはという建築をつくることができず、その情熱を失っていた。原作者が「建築家」でなく「建築士」という言い方にこだわるのは、「建築家と名乗るのはおこがましい」あるいは「後ろめたい」というニュアンスだろう。そんな青瀬にとって、Ｙ邸は周囲も自分も初めて「作品」と呼べる住宅だった。

設計者にとって（あるいは建築メディアにとって）「作品」と「そうでない建物」がある――。原作者はそのことが物語の核心と見ているようで、職場の後輩である石巻（柄本時生）とのこんなやりとりも印象的だ。

石巻「でも、意外でした。青瀬さんは筋金入りのリアリストだと思ってたから」

青瀬「リアリスト？」

石巻「俺にはあんな奇抜な家を提案するロマンも度胸もありませんよ。建物はつくれても作品はつくれないってことかな」

作家・横山秀夫の取材力と着眼点に脱帽

原作者の横山秀夫は、『半落ち』『クライマーズ・ハイ』『64』などのヒット作を生み出してきたミステリー作家だ。1957年生まれ。新聞記者、フリーライターを経て、1998年に作家デビューした。プロフィルを見る限り、建築分野に関係はなさそうなので、これはかなりの人数の建築関係者に取材したのだろう。ドラマではしょられているが、原作では北側採光のメリットや完成予想図を描く「レンダラー」とのやりとりなど、建築マニア的なエピソードがこれでもかと書かれている。恐るべき取材力。

それに加え、「物語の種」の拾い出し方もさすがだ。前述の「作品かそうでないか」もそ

うだし、「完成した家に建て主が住まない」という状況もそうだ。横山へのインタビュー記事を読むと、この設定は取材で聞いたエピソードではなく、横山の想像であるようだ。横山はこう語っている。

「冒頭で主人公に強い負荷を懸け、心に巻き起こる感情を推進力に物語を展開させるのが私の作法です。建築士にとって最も負荷の懸かること、言い換えるなら、最も起こってほしくないことは何かと考えた時に浮かんだのが、自信作の家に人が住んでいないという光景でした」

（新潮社『波』2019年3月号インタビューから引用）

建築士にとって最も起こってほしくないことは何か。筆者も物書きの端くれであるが、そんなことを今まで一度も考えたことがなかった。殺人が起こらなくてもそんな着眼によって物語はつくり得るのか……。小説を書くつもりはないが、想像力の枠を広げる参考になる。

「ノースライト」コンペをやってほしい！

青瀬の元妻を演じる宮沢りえや、岡嶋との関係を疑いたくなる設計事務所事務員・津村マユミ役の田中みな実など、配役もばっちりはまっていて、原作の魅力を減じてはいない。ただ一つ、どうかと思ったのは、謎解きの発端となる「Y邸」の全体像がリアルな姿で映ってしまうこと。ここは、部分を映すとか遠景でぼんやり見せるとかにできなかったの

か。「青瀬はもっとかっこいい家をつくったはず」と思った原作ファンは多かったと思う。制作陣には大変申し訳ないが、少なくとも筆者が「平成すまいの200選」の選者だったら、あの外観の住宅は選ばない。

物語のカギは
この住宅
北側に浅間山
を望む「ノースライト」のY邸

まあ、本当に人を感動させる住宅は、ドラマの制作期間では設計できないのだと、プロ（建築家）の能力と労力を改めて知っていただくことにつながればいいのだが……。ちなみに、原作ではこういう描写だ。

「北面壁を軒高とする一部2階建て。北向きの

一辺を思い切り長く引き、南側の辺を大胆に絞り込んだ台形状の片流れ屋根。（中略）足りない光量を補うために、いや、この家を真に『ノースライトの家』たらしめるために、苦心惨憺（さんたん）の末考案した『光の煙突（チムニー）』を屋根に設けた」

抜き出してみて改めて思ったのだが、これ、公開コンペのテーマになりそうだ。NHKさん、番組企画としていかがでしょう？

10

映画

ル・コルビュジエとアイリーン 追憶のヴィラ（2016年）

建築の神はジェラシーの塊？ 巨匠コルビュジエの裏面を描く

日本の建築界では〝神〟とあがめられるル・コルビュジエ。女性建築家の草分けであるアイリーン・グレイに対する彼の嫉妬が原因と考えられる「壁画事件」を描く。

2017年に試写会でこの映画を見たときには、ル・コルビュジエのパンツ一丁姿が強烈過ぎて、正直、内容が頭に入らなかった。取り上げるのは、映画『ル・コルビュジエとアイリーン　追憶のヴィラ』だ。

女性建築家の草分けであるアイリーン・グレイとはどんな人物だったのか、映画監督は何を伝えたかったのか、今回は何度も巻き戻しながらじっくり見てみた。

主な登場人物は、家具デザイナーで建築家でもあったアイリーン・グレイ（1878〜

1976年）と、近代建築の巨匠、ル・コルビュジエ（1887〜1965年）。そして、グレイの恋人であった建築ジャーナリストのジャン・バドヴィッチの3人だ。

建築家が登場するあまたの映画の中でも、その業の深さ、悲しさをこれほど真正面から描いた映画は珍しい。コルビュジエの（まぬけな）海パン姿が象徴するように、コルビュジエを一貫して〝奔放過ぎる困ったちゃん〟として描いている視点も新鮮だ。

「ル・コルビュジエとアイリーン 追憶のヴィラ」
アイルランドで2016年5月に公開、日本では2017年10月に公開。108分
原題：The Price of Desire
監督・脚本：メアリー・マクガキアン
出演：オーラ・ブラディ、ヴァンサン・ペレーズ、フランチェスコ・シャンナ
配給：トランスフォーマー（日本）

「建築家としてのグレイ」の偉業を再評価

舞台はフランス、コートダジュールに立つ住宅「E・1027」。グレイの設計により1929年に完成した。この映画は、以下の史実をベースにつくられている。

- 家具デザイナーとして名を成したグレイが設計した自邸「E・1027」は、コルビュジエが掲げる「近代建築の五原則」に影響を受け、それを先取りしていた。
- 雑誌発表時にグレイの設計であることが明示されなかった。
- コルビュジエの「壁画事件」（後述）により、グレイとコルビュジエの溝が深まった。
- コルビュジエがこの家のすぐ裏に、自身の別荘「カップ・マルタンの休暇小屋」を建てたこともあり、多くの人が最近までこの家もコルビュジエの設計だと思っていた。

恥ずかしながら筆者は、この映画を見るまでどのエピソードも知らなかった。建築に関わる仕事の人なら「家具デザイナーとしてのグレイ」は知っていると思うが、ここまで詳しい人は少ないのではないか。監督のメアリー・マクガキアンは、2人の建築家の確執をドラマ仕立てで描きつつ、「建築家としてのグレイ」の偉業を再評価する。

家は「住むための機械」ではない

グレイとコルビュジエのすれ違いを象徴するのが、グレイのこのセリフだ。

「家は機械ではなく、人を包み込む殻なの」——byアイリーン・グレイ映画の序盤、グレイが住宅「E・1027」の設計に取り掛かる場面。すでに知り合いだったコルビュジエに言うセリフだ。コルビュジエの名言「家は住むための機械である」（1923年に著作『建築をめざして』で発表）に対抗しての言葉だ。

コルビュジエが「機械」と言ったのは、住宅も飛行機や自動車のように「住む」ということを機能として捉え、もっと合理的につくる必要がある、という意味だ。さすがにグレイも、「新しい視点の例え」であることは分かるはずで、まさか「家は機械ではない」とは言わないのではないか。これは演出だな、と思った。だが、後で調べてみると、このセリフは

映画の名セリフ
建築編
家は機械ではなく
人を包みこむ
殻なの。
ふんっ

グレイの評伝にも書かれている史実らしい。

「家は住むための機械ではない。人間にとっての殻であり、延長であり、解放であり、精神的な発散である。外見上調和がとれているというだけではなく、全体としての構成、個々の作業がひとつにあわさって、もっとも深い意味でその建物を人間的にするのである」（ピーター・アダム著／小池一子訳による『アイリーン・グレイ 建築家・デザイナー』より引用）

モダニズムという目標は同じでも、コルビュジエとはそもそも相いれないスタンスであったことが伝わってくる。

2人の溝を深めた「壁画事件」

ピロティや自由な平面、連続する水平窓といったコルビュジエの思想を先取りして「E・1027」は1929年に完成する。コルビュジエが出世作となる「サヴォア邸」を完成させるのは2年後の1931年だ。

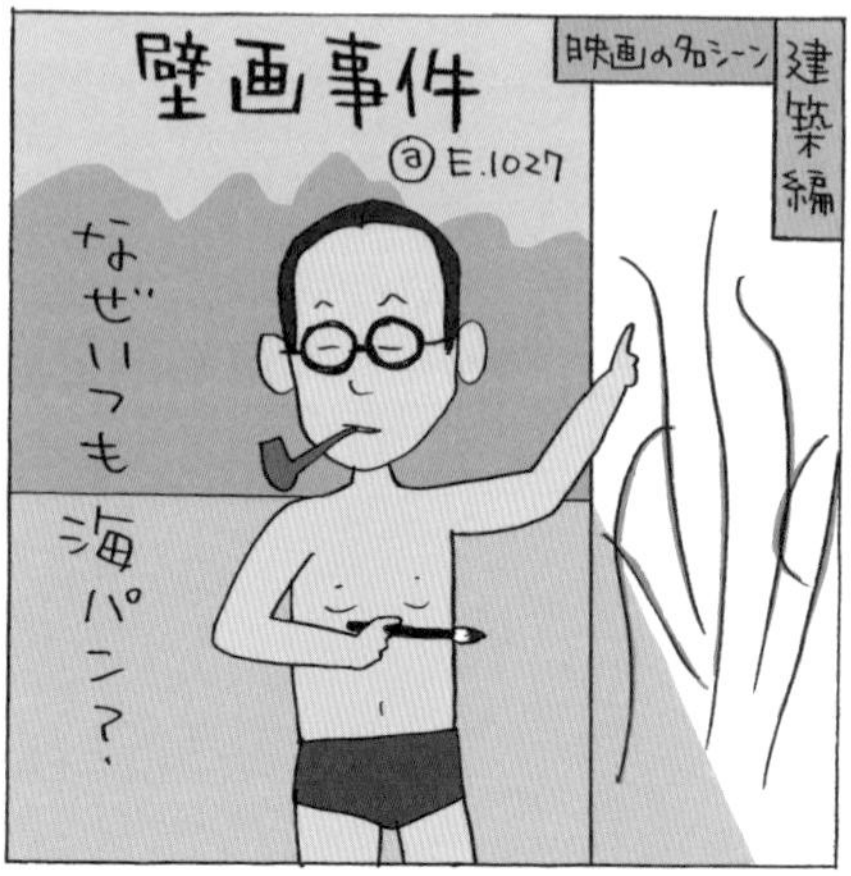

「E・1027」はいくつかの雑誌で取り上げられ、賞賛される。だが、建築ジャーナリストであり、建物の所有者でもある恋人のジャン・バドヴィッチが、最初の発表時にグレイの設計であることを明示しなかったため、グレイの「建築家」としての評価は高まらなかった。

そんななか、この住宅の価値を最も評価していたのはコルビュジエで、嫉妬にも似た感情を抱いていた（と映画では描かれる）。コルビュジエはこの家に入り浸るようになり、1938

年に事件を起こす。グレイが長期不在の間に、グレイの許可なく、8カ所の壁に勝手に壁画を描いてしまうのだ。これにグレイは激怒し、2人の亀裂は決定的になる。

映画では、壁絵を描いているときのコルビュジエは、常に海パン1枚だ。実際に海パンで描いたのかはさておき、グレイがコルビュジエの壁画に激怒したのは本当であるという。ピカソのような絵で凡人には何だかよく分からない絵だが、モチーフに裸の女性が含まれていたのがグレイを怒らせたという説もある。

戦後の1951年、コルビュジエはこの住宅のすぐ裏の敷地に「カップ・マルタンの休暇小屋」を建てる。トラブルの種の近くに別荘を建てるというのは、一体、どんな心境なのだろうか。それから14年後の1965年、コルビュジエはこの別荘から海水浴に出て、心臓発作を起こし、亡くなってしまう。

建築家は神ではない

グレイの目線で描かれた「憎まれ役」コルビュジエは、主役を食うほどに奔放でこっけいな人物に描かれている。日本では「神」のごとくあがめられるコルビュジエだが、海外では「近代建築をリードした一人くらいの評価だ」と言う人もいる。こんな映画が実現できてしまうのだから、実際、そうなのかもしれない。

監督のメアリー・マクガキアンはこの映画の一方で、『アイリーン・グレイ 孤高のデザイナー』というドキュメンタリー映画を製作している。両映画の製作のために、「E・1027」の修復に動き、実現してしまうという、グレイ愛がハンパない人だ。コルビュジエを憎々しく描くのも、物語を盛り上げるためではなく、本心なのかもしれない。

この映画はこの映画で面白いが、同じ題材をコルビュジエ目線でつくったらどうなるのか。いつかそういう作品も見てみたいものだ。

知っておきたいグレイの名作家具3点

情報量の多いこの映画は、このくらいのことを知ってから見てもネタバレ感はないだろう。むしろ、ある程度、史実を知ってから見た方が登場人物の感情が理解しやすいと思う。その意味では、グレイの家具の代表作もいくつか知っておくとよい。最低、知っておきたいのはこの3つだ。

- ドラゴンチェア（竜の肘掛け椅子）。映画冒頭のオークションで高額落札される椅子。実際、2009年のクリスティーズで、約28億円という、椅子としては当時最高価格で落札された。
- ビバンダムチェア。グレイの椅子の中でも特に有名。タイヤメーカー、ミシュランのキャラクター「ムッシュ・ビバンダム」から命名された。
- E・1027。住宅「E・1027」のためにデザインされたサイドテーブル。ガラ

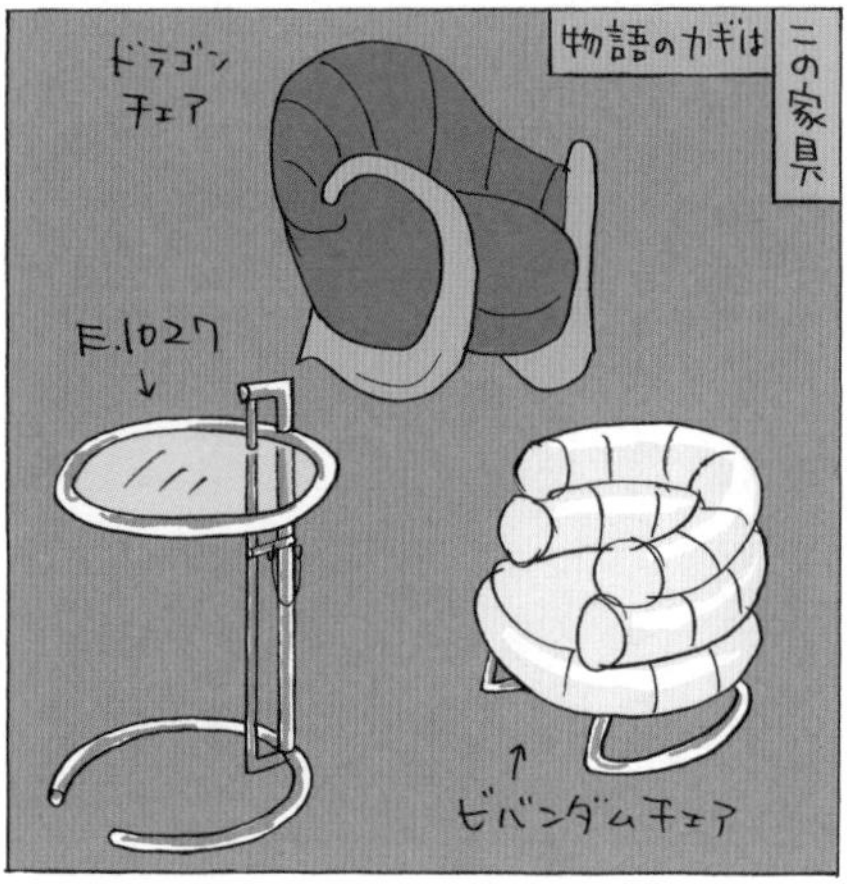

ス天板とスチールパイプで構成され、テーブルの高さが調節可能。

ちなみに、住宅やサイドテーブルの名前に使われている「E・1027」は、Eがアイリーン・グレイのイニシャルのE、10が恋人であるジャン・バドヴィッチのJ（アルファベットの10番目）、2がB、7がGをそれぞれ表しているという。

11

映画

マイ・アーキテクト／ルイス・カーンを探して（2003年）

カーンの女性遍歴に呆れるも、純粋な建築愛には感服

60歳を過ぎて世界の一線に立ったルイス・カーン。その人生を、愛人の子がたどるドキュメンタリー。カーンの私生活がこんなにぐちゃぐちゃだったとは……。

建築家という職業は女性にモテるのか？　これは前章（PART1）のテーマだが、この映画を見ると、力強く「イエス」と答えたくなる。とはいえ、「モテたいから建築家になりたい」という人には、この映画はお薦めしない。そこで描かれている現実は、「有名な建築家になりたい」というパッションを急速に冷ましてしまうに違いない。

映画『マイ・アーキテクト／ルイス・カーンを探して』。米国の建築家、ルイス・カーン（1901〜1974年）の息子で映画監督のナサニエル・カーンが、亡き父の残像を追

うドキュメンタリー映画だ。日本では2006年に公開された。

タクシー運転手の間では有名な「女好き」

ルイス・カーンは、第二次大戦後の米国モダニズムを代表する建築家だ。この映画を撮った息子のナサニエル・カーンは1962年生まれ。ルイスが61歳のときに生まれた子だ。映画の冒頭、「自分は〝3番目の家族〟に生まれたため、週に1度しか父（ルイス）に会うことができなかった」と説明される。つまり、2番目の愛人の子どもなのだ。

序盤は、ナサニエルの取材によって、ルイスの女性遍歴があぶり出される。女性遍歴が有名な建築家といえば、フランク・ロイド・ライトが思い浮かぶが、あの堅物そうなルイス・カーンの私生活がこんなにぐちゃぐちゃだったとは、この映画を見るまで知らなかった。

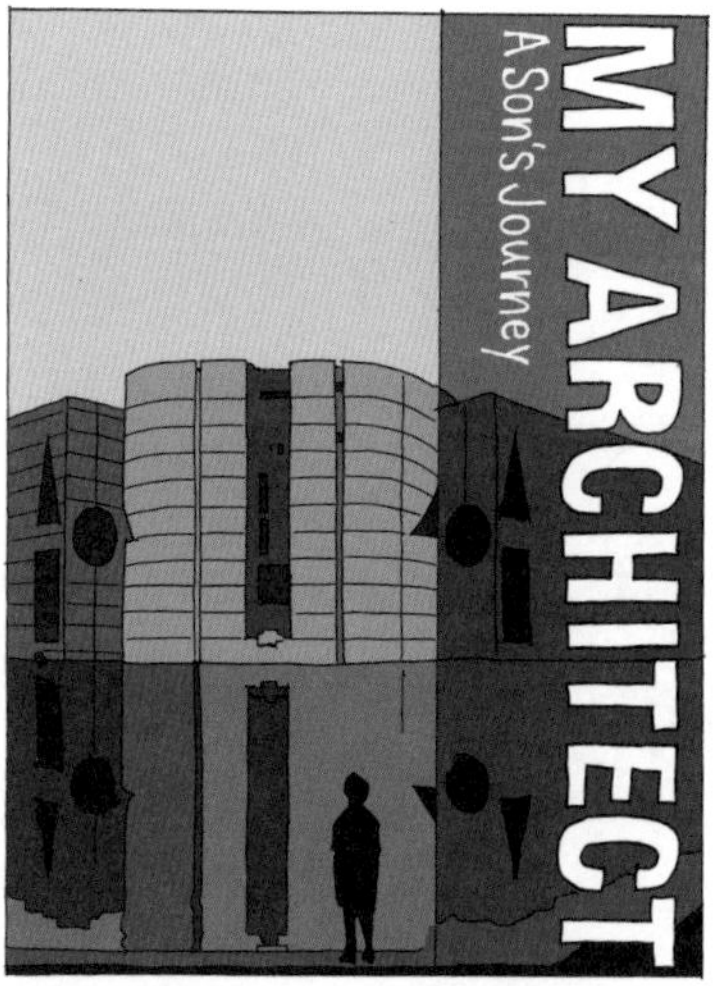

「マイ・アーキテクト／ルイス・カーンを探して」
アメリカで2003年製作。日本公開は2006年1月。116分
原題：MY ARCHITECT
監督：ナサニエル・カーン

ルイスは1974年3月、インドからの帰国後にニュー

ヨークのペンシルベニア駅で心臓発作により急逝する。ルイスはなぜかパスポートの住所を消しており、身元が判明するまで3日間、死体安置所に保管された。当時、ナサニエルは11歳。ルイスの死を伝える新聞記事は「妻と愛娘を残して死去」と伝えており、自分の名前はどこにもなかった。

建築ではなく映像の道に進んだナサニエル。ルイスの死から約30年がたち、父親探しの旅をドキュメンタリー映画として撮り始める。

ナサニエルはまず、ルイスの設計事務所のあったフィラデルフィアで、ルイスをよく車に乗せたというタクシーの運転手に話を聞く。

そのコメントがすごい。

「女好きだった。若くない女を好んだな」

お抱え運転手ではなく、街のタクシー運転手にそう言われてしまう女性関係ってどんだ

映画の名ゼリフ
建築編
女好きだった
若くない女も好んだな
ルイス・カーン
・・・・
TAXI
タクシー運転手→
ナサニエル・カーン

けなのか……。

遅咲きのプレッシャーから現実逃避？

ルイスには3つの家族に1人ずつ子どもがいた。いずれも同年代。60歳前後で3人の子どもをもうけたのである。

ルイス・カーンが、世界的に有名になったのは、「ペンシルベニア大学リチャーズ医学研究棟」（1961年完成）以降。このとき60歳。それ以降の13年間で実現した建築が「ソーク生物学研究所」「フィリップ・エクセター・アカデミー図書館」「キンベル美術館」と、歴史に残る名建築ばかり。60歳になってようやく巡ってきたチャンスを逃すまいとするプレッシャーからの現実逃避が、3人の女性たちだったのか、と同情も湧く。

ナサニエルは、1番目の愛人や、2番目の愛人、つまりナサニエルの母親にもインタビューする。母親の発言もさらりと強烈だ。一瞬、抱いたルイスへの同情も吹き飛ぶ。妊娠が分かったときに、ルイスはこう言ったというのだ。

「君もか…」

妊娠した女性にかける言葉か？　うーん、やっぱり共感の余地はない。

それでもナサニエルの母は、いつかルイスと結婚できると信じて、未婚のまま、ナサニエルを育てた。ルイスのことを全く恨んでおらず、「今も愛している」という態度。ルイスが亡くなったときにパスポートの住所を消していたのは、正妻と離婚して自分と結婚するためだった、と信じている。ルイスが本当にそう言ったのだとしたら、1番目の愛人にも同じことを言っていたのではないか、という疑念すら湧く。

女性関係に加え、多額の借金も

フィリップ・ジョンソン（1906～2005年）やI・M・ペイ（1917～2019年）といった世界的に有名な建築家たちも登場する。フィリップ・ジョンソンのコメントが印象的。

「ルイスは当時、最も愛された建築家だ。ライトは怒りっぽかったし、ミースは近寄りがたかった。コルビュジエは陰険。だが、ルイスは違った」

映画の名セリフ
建築編
ライトは怒りっぽかったし、
ミースは近寄りがたかった。
コルビュジエは陰険。
ルイスは当時、最も
愛された
建築家だ
←建築家・
フィリップ・ジョンソン

このコメント、褒めているようでいて、建築家として「普通過ぎる」と見下しているようにも思える。建築界の〝雲の上の方〟でのルイスの立ち位置が想像できる。

事務所の元所員やプロジェクトの関係者からは、「スタッフの生活を考えずに仕事をさせたので、何人ものスタッフが家庭崩壊した」「ビジネス的な視点を全く持っていなかった」といった声も出る。実際、マネジメントの才はなかったようで、あれだけの仕事をしながら、亡くなったときには多額の借金があったという。

この映画は、ルイスをディスる映画なのか？　どうやってまとめるの？　と、心配になってくる。

地球の裏側、ダッカで亡き父との邂逅

しかし、安心してほしい。映画は最後にはきれいにまとまって終わる。ナサニエルは地球の裏側のダッカに飛び、「バングラデシュ国会議事堂」（1983年）を見る。壮大で幻想的な空間の映像に、ナサニエルのナレーションが重なる。

「死から9年、世界一貧しい国に彼の最大の建物ができた。貧乏な国だということも彼は気にしなかった。実現できるか否かも」

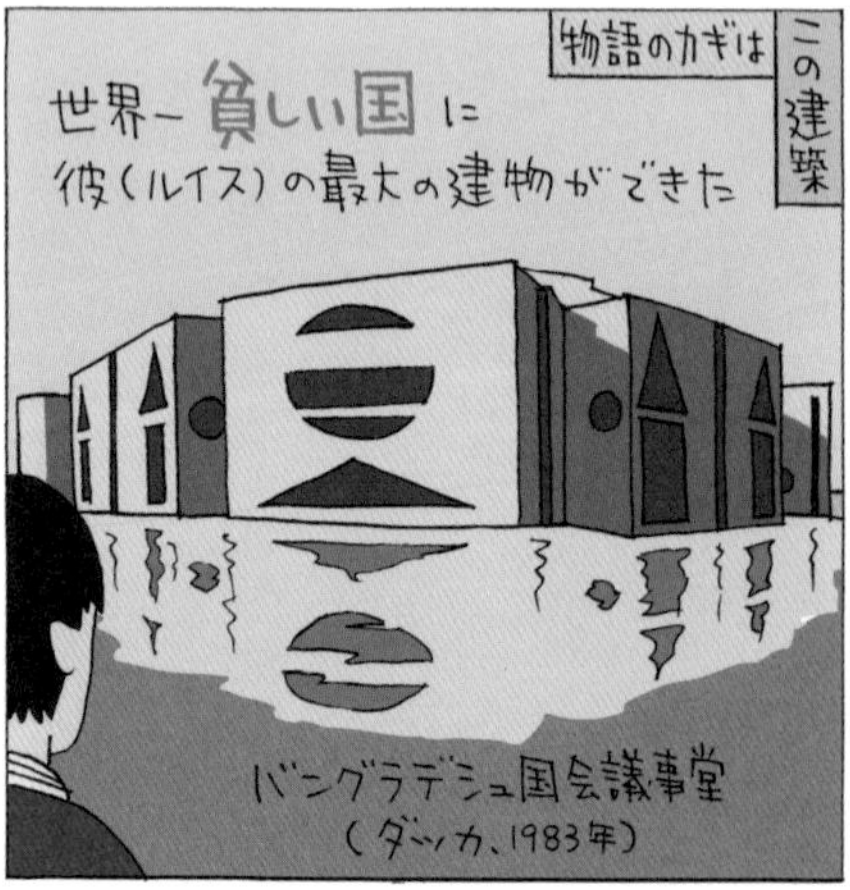
この建築
物語のカギは
世界一貧しい国に
彼（ルイス）の最大の建物ができた
バングラデシュ国会議事堂
（ダッカ、1983年）

そこで市民やプロジェクトに関わった地元設計者に話を聞き、父をようやく身近に感じる。亡き父との邂逅（かいこう）だ。

ちょっと急展開過ぎでは、という感じもしたが、確かに彼らの話を聞き、その空間の映像を見ると、ルイス・カーンの偉業に感服せざるを得ない。

そう思うのも、筆者が男性だからかもしれないので、どう感じるかは映画を見てほしい。

冒頭に、「モテたいとか、軽い気持ちで建築家になりたいと思っている人は見ない方がいい」と書いた。もしかすると、こういう映画を見て「それでも建築家になりたい」と思う人が建築家として活躍できる人なのかもしれない。そんな踏み絵にもなる映画だ。

COLUMN

名建築ここにあり！ 海外編

映画『コロンバス』（2017年）

アメリカ版『名建築で昼食を』？ 名建築の街をたっぷり堪能

出会いは
サーリネン（父）の
ファースト・クリスチャン教会
（1941年）。
物語のカギは
この建築

「コロンバス」はアメリカ・インディアナ州の〝名建築の街〟。建築学者の息子ジン（ジョン・チョー）は、父がコロンバスで倒れたと聞き、この街を訪れる。そこで建築好きの若い女性ケイシーと知り合い、有名建築を案内してもらいながら、心を通わせていく。ファースト・クリスチャン教会（設計：エリエル・サーリネン）、クレオ・ロジャース記念図書館（I・M・ペイ）、旧アーウィン・ユニオン銀行（エーロ・サーリネン）など、すごい建築群を堪能できる。アメリカ版『名建築で昼食を』みたいな話なのだが、どうにも物語に起伏がない。監督のコゴナダは日本の小津安二郎監督に大きな影響を受けたらしいので、小津作品が好きな人は好きかも。

12

映画

スケッチ・オブ・フランク・ゲーリー（2005年）

旧友のオスカー監督が見た遅咲きの天才の「病」

フランク・ゲーリーもまた遅咲きの建築家だ。若い頃には精神科医のセラピーも受けていたことを、旧友の映画監督であるシドニー・ポラックに明かす。

「ビルバオの奇跡」という言葉をご存じだろうか。ビルバオはスペイン北部、バスク地方の小都市。1997年、この町に「ビルバオ・グッゲンハイム美術館」が完成してから、観光客が急増。衰退していた都市が一つの建築をきっかけに再生したという話だ。

この美術館の逸話を中心に、これを設計した建築家、フランク・ゲーリーの人間像を追ったドキュメンタリー映画が『スケッチ・オブ・フランク・ゲーリー』である。

ドキュメンタリー作品は、被写体となる人物が誰かだけでなく、監督が誰かで面白さが大きく変わる。その点でいうと、この映画が面白くないはずがない。何しろ監督はシドニー・ポラック。1934年生まれ。もともとは俳優で、映画監督として活躍。『追憶』(1973年)、『トッツィー』(1982年)、『愛と哀しみの果て』(1985年)、『ザ・ファーム 法律事務所』(1993年)、『サブリナ』(1995年)、『ザ・インタープリター』(2005年)などを監督した。1985年の『愛と哀しみの果て』ではアカデミー作品賞と同監督賞を受賞している。

「建築を知らないから君なんだ」

名監督であるポラックだが、ドキュメンタリー映画はこの『スケッチ・オブ・フランク・ゲーリー』が初作品だった(2005年カナダ公開、日本公開は2007年)。ドキュメンタリー慣れしていないポラックがなぜこの映画

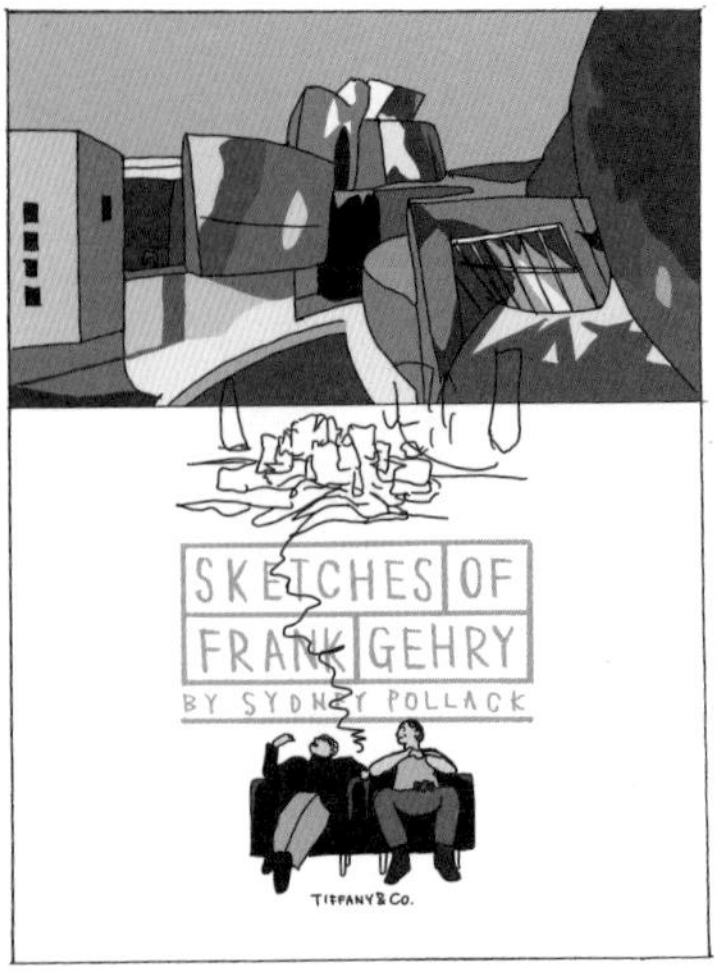

『スケッチ・オブ・フランク・ゲーリー』
アメリカ製作。カナダ公開は2005年、アメリカ公開は2006年、日本公開は2007年。84分
原題：Sketches of Frank Gehry
監督：シドニー・ポラック
配給：S.P.C

を撮ったのかというと、ゲーリーの長年の友人であることが理由の一つ。そして、もう一つの理由は、映画の序盤で語られる。自らカメラを回しながらポラックがゲーリーに語りかける。

ポラック「僕は建築というものを全く知らない。僕を監督に推薦した君は狂っていると思った」

ゲーリー「だからこそ君なんだ」

ゲーリーがお愛想でそう答えたのではないことは、インタビューを重ねる中で徐々に明らかになる。

ゲーリーは1929年、カナダ・トロントで生まれた。1947年に家族で米国ロサンゼルスに移住。美術や建築、陶芸などを学び、1954年、南カリフォルニア大学で建築学士号を取得する。

ゲーリーの建築の特徴は分かりやすい。「グサリ」と「グネグネ」だ。「グサリ」は通常あり得ない形と形の交わり方。「グネグネ」は複雑な三次元曲面だ。グサリとグネグネの組

み合わせによって、一見「建築」とは思えないような造形が生まれる。

ポラックに語る若き日のエピソード

ゲーリーはこんなことを言う。

「大学2年のとき、先生から言われた。『君は建築に向いていない。転科すべきだ』と」

「若い頃、同業者（建築家）たちは私を馬鹿にしていた。私は浮いた存在だった。それでも芸術家たちは仲間に入れてくれた」

ほかにも、かつて車の運転手をして生計を立てていたことや、自信を失いかけて精神科医のセラピーを受けていたことなども明かされる。

建築界で注目を集めるようになったのは50歳を目前にしたころだ。今では建築界で知らぬ者はいない大巨匠ゲーリーだが、遅咲きの苦労人なのである。

飛躍のきっかけをつくったのがポラックの言葉であったことにも驚かされる。映画監督としてなかなか商業的な成功を収められなかったポラックが、今後への手応えをつかんだとゲーリーに話したときのことだ。

「あのとき、君（ポラック）がこう言ったんだ。『大切なのは、自分らしさを表せるわずかなスペースを確保することだと気づいた』と。私はそれを聞いてはっとした。忘れられない言葉だ。それからは僕もこう言っているんだ。『小さなスペースだ』と」

この話には合点がいった。ゲーリーの建築は、形が複雑な割に、内部の部屋は意外に普通の四角形であることが多い。ゲーリーは機能面で無理を強いることをせず、小さなスペース、つまり〝余白〟のデザインで勝負をしているのだ。だから、建築の専門家からは「外観の遊び」「本質的ではない」と酷評されることもある。

「才能とは消えていかない病気」

ビルバオの成功後、ゲーリーのドキュメンタリーを撮りたいという話はいくつもあったという。そうした中で、ゲーリーが「撮るならば監督はポラックに」と推薦したのは、ポラックが「建築」というフレームとは違う方向から映画を撮ると考えたからだろう。筆者自身もよく「これは建築なのか？」というような書き方をしてしまうことがあり、この映画を見ながら反省した。

ポラックがゲーリーの信頼に足る人間であったことは映画を見ればよく分かる。筆者の職業柄からか、ポラックの質問自体に、たびたびうなってしまった。例えばこんなやりとりだ。

ポラック「才能とは液化して消えていかない病気のようなものだね」

ゲーリー「そうだね、才能とは病なんだよ」

才能を持つゆえの苦労を聞くのは、インタビュアーとして鉄則だと思うが、才能を一つの病気と例えるのは、やはり一流クリエイターであるポラックならではだ。加えて、よほどの信頼関係がなければ、こんな質問は怖くてとてもできない。

90歳を過ぎても衰えない造形力

この映画が公開されたのは2005年。その3年後の2008年5月、ポラックは癌により73歳で亡くなる。

映画の最後のシーンは、ポラックのこんな質問だ。

「次にやってみたいことは？」

ゲーリーはその問いに対して意外に悲観的な答えを口にする。それは映画を見てほしい。

しかし、ポラックよりも5歳年上のゲーリーは、90歳を過ぎても現役だ。2021年には、フランス・プロヴァンス地方のアルルにアートタワーを完成させ、話題を呼んだ。ゲーリーは、アートセンター「LUMA Arles」内のこのタワーを設計するに当たり、ゴッホがアルルで描いた『星降る夜』と、街の北東に位置するアルピーユ山脈からインスピレーションを得たという。

確かに才能とは一つの病なのかもしれない。そして、この映画は、ポラックからゲーリーへの「才能は年齢とは関係ない。病だと思って向き合え」というエールにも思えるのである。

「建築」に限らず、創作に関心のある人ならば、誰が見ても面白いのではないか。2000年代序盤のゲーリー事務所内の様子もかなりリアルに描かれているので、建築関係者には実務上のヒントもたくさんあると思う。機会があればぜひご覧いただきたい。

フランク・ゲーリーが設計したルマ・アルル文化センター
©istock.com/PippiLongstocking

COLUMN

名建築ここにあり！ 日本編

映画『モスラ』(1961年)

ザ・ピーナッツを追い日本へ 映画史に残る「東京タワー破壊」

怪獣が建物を破壊するシーンはあまたつくられているが、『モスラ』ほど絵になり、また意味のある破壊シーンは他にないのではないか。水爆実験場であるインファント島に上陸した調査隊は、危機を2人の妖精(ザ・ピーナッツ)に助けられる。調査隊の一員であったネルソンは再び島を訪れ、2人の妖精をとらえて日本で見世物にする。島で巨大な卵から孵化したモスラの幼虫は、2人を助けるため海を渡り、日本に上陸。東京タワーに登ろうとするも、途中でタワーは折れる。すると幼虫は白い糸をはき、そこでまゆをつくる。軍隊の攻撃の中、まゆからモスラの成虫が羽化する。一連のシルエットが拍手したくなるほど美しい。映画公開は東京タワー完成の3年後。

PART 3

建築家ダイバーシティ

「建築家」といえば、かつては「個人の名前を掲げて建物を設計する人」というイメージが強かった。一匹狼で住宅でもビルでも設計する——。今もそういう建築家はいるが、流れとしては組織規模は拡大し、職種は細分化する方向にある。女性も増えてきた。建築設計者の多様性（ダイバーシティ）を映画やドラマの中に見てみよう。

13

映画

これが私の人生設計（2014年）

笑わせながら男女格差を問う高度な建築コメディー

女性の建築家は多いが、女性建築家を主役に据えた物語は少ない。「女性に対して優しい」イメージのあるイタリアでの女性建築家の奮闘を描く。さて、日本は？

フィクションの映画で「女性建築家」を描いた作品を初めて見た。それぞれのエピソードがリアルで面白い。そして、考えさせる。2016年に日本公開されたイタリアのコメディー映画『これが私の人生設計』だ。

序盤はこんな展開だ。国際的な建築系企業の設計スタッフとして各国で活躍していたセレーナ・ブルーノ（パオラ・コルテッレージ）。ロンドンでも複数のビルを掛け持ちしていた。忙し過ぎる毎日の中で、ふと自分を見つめ直し、新たなステップを踏み出そうと故郷のローマに帰ることを決意する。

まず、印象的なのが、セレーナがそれまで勤務していた会社を「辞める」と、同僚たちに伝えるシーン。

ロンドンのビッグプロジェクトが終わり、集まっていた各国のエリートたちが「次はどうする？」「オレはニューデリー」「ドバイが建設ラッシュだ」などと盛り上がっている場面。セレーナが「私はイタリアに帰るつもり」と言うと、その場が凍りついたように静かになる。どうやら、イタリア建築業界での女性活躍度は、彼らの中では最低ランクであると分かる。

『これが私の人生設計』
イタリアでは2014年公開、日本では2016年3月公開。103分
原題：SCUSATE SE ESISTO!/DO YOU SEE ME?
監督：リッカルド・ミラーニ
脚本：ジュリア・カレンダ、パオラ・コルテッレージ、フリオ・アンドレオッティ、リッカルド・ミラーニ
出演：パオラ・コルテッレージ、ラウル・ボヴァほか
配給：01 Distribution

イタリアの男女格差はこんな調査にも

筆者は、「イタリアの男性は女性に優しい」＝「イタリアは女性が仕事をしやすい社会である」と、短絡的な図式を描いていた。しかし、この映画を見るとだいぶ違うようだ。

セレーナはローマに戻って就職先を探すがなかなか能力を生かせる職場はない。ようやく大手の会社から採用内定をもらうも、契約書の中に「妊娠したら解雇」という文面があり、それに異議を唱えると採用は取り消しになってしまう。うーむ。

これは、「建築業界」だからなのか、「イタリア全般」の傾向なのか。筆者にはイタリア人の知人がおらず、詳しいことは分からない。だが、国全体としてその傾向があることは否めないようで、こんな調査結果を目にした。毎年、世界経済フォーラムが発表している「ジェンダー・ギャップ（男女の違いにより生じる格差）指数」だ。

2021年のデータを見ると、イタリアは調査対象156カ国中の63位。上位は1位アイスランド、2位フィンランド、3位ノルウェーと北欧が占め、ヨーロッパということで見ると、10位スイス、11位ドイツ、16位フランス、23位イギリスと、おしなべて順位が高い。イタリアの63位はヨーロッパ諸国の中で比べるとかなり低いといえる。

男女格差だけでなくLGBTQもさらりと描く

物語に戻ろう。セレーナは生活が厳しくなり、仕方なく、カフェでアルバイトをしながら生計を立てることにする。そのカフェのオーナーであるイケメン

ジェンダー・ギャップ指数ランキング（2021年版）／世界経済フォーラム

順位	国名・地域名	男女格差指数	前年からの順位変動
1	アイスランド	0.892	—
2	フィンランド	0.861	1
3	ノルウェー	0.849	
4	ニュージーランド	0.84	2
5	スウェーデン	0.823	
6	ナミビア	0.809	6
7	ルワンダ	0.805	2
8	リトアニア	0.804	25
9	アイルランド	0.8	－2
10	スイス	0.798	8
11	ドイツ	0.796	
12	ニカラグア	0.796	－7
13	ベルギー	0.789	14
14	スペイン	0.788	－6
15	コスタリカ	0.786	－2
16	フランス	0.784	
17	フィリピン	0.784	
18	南アフリカ共和国	0.781	
19	セルビア	0.78	20
20	ラトビア	0.778	－9
63	イタリア	0.721	13

出所：「Global Gender Gap Report 2021」より

のフランチェスコ（ラウル・ボヴァ）と心を通わせていくが、彼はゲイだった。

ある日、老朽化した大規模住宅団地で改修案を募集していることを知ったセレーナは、夜な夜な設計を進め、提案書を作成。案は採用されるも、「提案者は男性」と勘違いされる。やむなくゲイのフランチェスコを架空の上司に仕立ててプロジェクトを進めるが、さてさてどうなる……という、ドタバタ劇だ。

映画の名ゼリフ
建築編
女の建築士なんて
誰も認めないわ。
フランチェスコ
ゲイの恋人
う〜ん

企業内での男女格差を浮き彫りにするために、ゲイの男性を絡めて物語を進めるのがうまい。セレーナから「女の建築士なんて誰も認めないわ」と懇願され、できる建築家のふりをすることになるフランチェスコ。見ているうちに、ゲイカップルの日常についてもいろいろと知り、ゲイの人たちを身近に感じるようにもなる。

「輝く都市」を目指した大規模団地の荒廃

「建築」の面で勉強になったのは、イタリアの大規模住宅団地の〝度を超えた巨大さ〟だ。

物語の鍵となる団地は、10階建て規模で、複数棟がおよそ1キロにわたり一直線に連続している。どう見てもCGとは思えない、リアルな老朽化ぶりだ。

調べてみると、実在する建物だった。ローマ郊外に立つ「コルヴィアーレ」という公営住宅で、1970年代から80年代初頭にかけて建設された。その威容から「セルペントーネ＝大蛇」と呼ばれているという。デザインといい、規模といい、明らかにモダニズムの巨匠ル・コルビュジエの影響を受けていると思われる。「輝く都市」（コルビュジエの著作名）を目指して建設された大規模住宅団地「コルヴィアーレ」。その荒廃した様子を見て、セレーナは建物の中間層1層分を「緑の空間」にすることを提案する。フィクションとは思えない秀逸な提案！　と思ったのだが、これも調べてみると、実在する女性建築家（グエンダリーナ・サリメイ）が実際に提案したアイデアをもとにしたのだという。フィクション映画ではあるが、彼女の体験が物語のヒントになっているようだ。だからリアリティーがあるのか……。

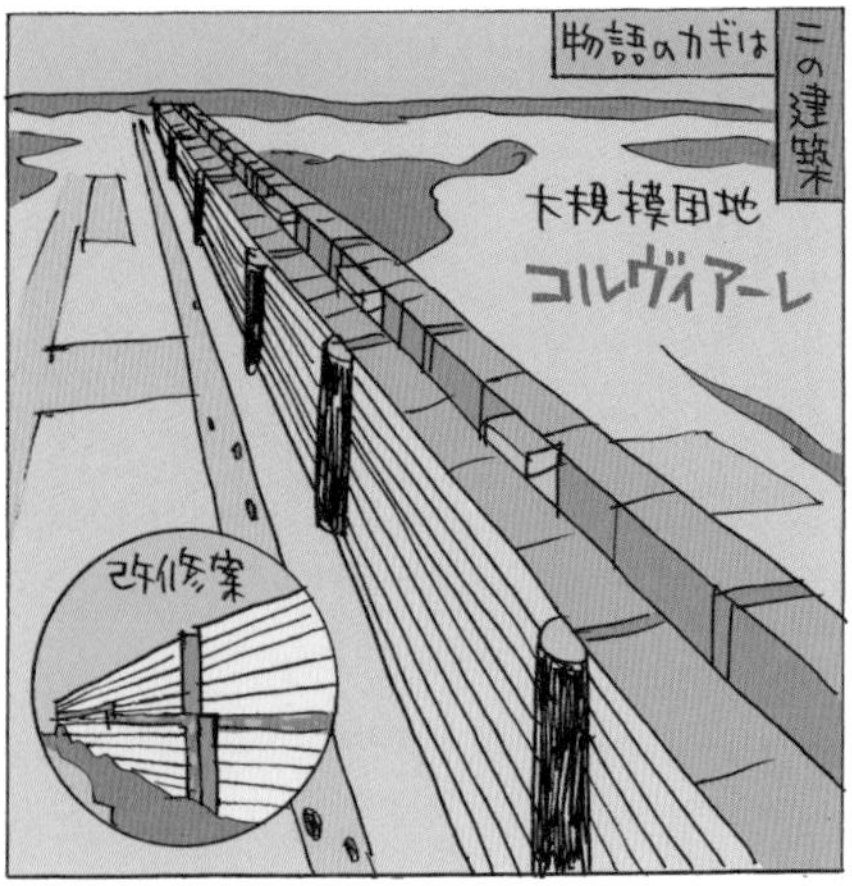

ジェンダー・ギャップ指数、日本は何位？

映画のラストが「大逆転」で終わらないのは、ハッピーエンド好きな筆者としてはやや残念。それでもセレーナが最後までポジティブなので、後味はいい。そして、男女格差、LGBTQ、ニュータウンの再生……と、本当にいろいろと考えさせる。

うまいなあと思うのは、これが「コメディー映画」という形式での発信であること。全く説教くさくない。真正面からこうしたテーマを扱うドキュメンタリーであったら、遠い日本にいる筆者が見ようと思うことはなかっただろう。

ところで、前述の「ジェンダー・ギャップ指数」。2021年版で日本は何位かというと、156カ国中120位だ。イタリアよりもずっと下。うーむ……。

建築分野はそんなことはない、と言いたいところだが、確かに建築系の組織の部長クラスで女性に取材する機会はあまりない。そんな状況を変えたいと思っているマネジメント層の方、見て見ぬふりをしてきた経営層の方は、ぜひこの映画を見ていただきたい。堅苦しい研修をやるよりもこの映画を見る方が、効果が高いと思う。

COLUMN

名建築ここにあり！　日本編

映画『ニッポン無責任野郎』（1962年）

ライト設計の「旧帝国ホテル」リアル映像は歴史的にも貴重

『ニッポン無責任野郎』は、植木等が主演する東宝クレージーキャッツ映画の第2弾。失業中の無責任男・源等（植木等）が、調子の良さだけで有名企業に職を得て、詐欺まがいの方法で成果を上げ、さらには魅力的なOL・丸山英子と付き合って結婚し……という、今なら炎上しそうなストーリー。序盤で、等が英子をランチに誘うのが、有楽町の旧帝国ホテル。フランク・ロイド・ライトの設計で1923年に完成。1968年に解体され、今は移築された中央玄関のみ「明治村」（愛知県犬山市）で見ることができる。当時の都心に立つ様子が見られる映像は貴重。現状よりもだいぶ黒ずんでいて、遺跡のよう。映画公開の6年後に解体されたのも、なんとなく納得がいく。

14

映画

テルマエ・ロマエ（2012年）

「浴場専門の建築家」の苦悩と名言に建築の真理を学ぶ

「建築家」にはさまざまな専門性がある。『テルマエ・ロマエ』は、「浴場専門の建築家」というニッチな設定が笑いの前提となっている傑作コメディー映画だ。

本書を読まれる方のほとんどは、この映画を見たことがあると想像している。大ヒットした映画であるし、傑作コメディー作品である。邦画コメディー史上ナンバーワンと言う人もいる。

しかし、「建築家の映画」だと認識している人は少ないのではないか。今回はその視点でこの映画を見返してみたい。そういう目で見ると、建築家の本質を問うような名言が多い映画である。

「浴場専門の建築家」というリアルさ

『テルマエ・ロマエ』は、ヤマザキマリの同名漫画を阿部寛主演で実写化したもので、2012年に公開された。

阿部寛演じる主人公、ルシウス・モデストゥスは、古代ローマ帝国の浴場専門の建築家（テルマエ技師）。建築家として〝壁〟にぶち当たっていたルシウスはある日、現代日本にタイムスリップしてしまう。漫画家志望の真実（上戸彩）と出会い、日本の洗練された風呂文化に衝撃を受ける。ルシウスはタイムスリップを繰り返すなかで、古代ローマで斬新な浴場を次々と実現。時の皇帝ハドリアヌス（市村正親）からも信頼を寄せられるようになる。そこから始まる新たな苦悩とその克服が物語の核心だ。

この映画はタイムスリップというあり得ない話

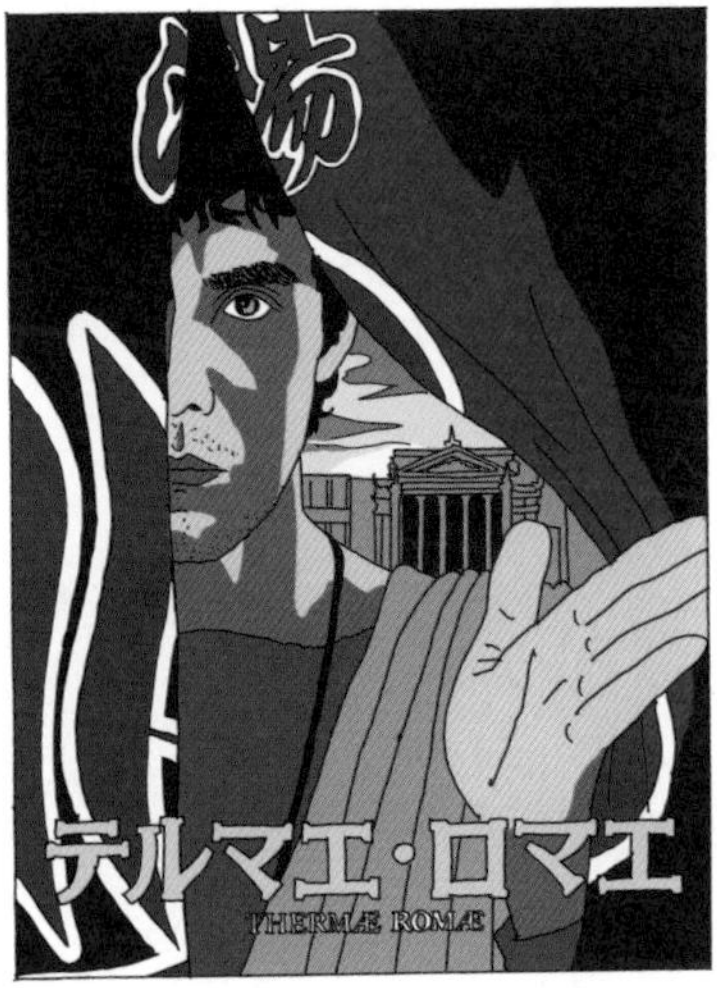

『テルマエ・ロマエ』
2012年4月に公開。108分
原作：ヤマザキマリ
監督：武内英樹
脚本：武藤将吾
出演：阿部寛、上戸彩、市村正親、北村一輝、宍戸開、笹野高史
配給：東宝

でありながら、前提となるさまざまな設定が、拍手を送りたくなるほどリアルだ。まず、「浴場専門の建築家」という設定が素晴らしい。医療ドラマを思い浮かべると分かるが、漠然と「医師」と言われるよりも「○○科の医師」の方がその専門性に興味が湧く。建築家もしかり。「ローマ帝国にはなんと浴場専門の建築家がいたのか」と、その前提だけで引き込まれてしまう。

エリート建築家ゆえの葛藤

この映画の最初の名セリフは、冒頭のシーン。役名もない老人のこの言葉だ。

「君の考えるテルマエはもう古いんだよ」

老人はどうやら浴場の運営者らしい。ルシウスは、その老人から「時代遅れだ」と言われ、設計担当を外されてしまう。建築家にとって「時代遅れ」は最もきついワードだ。ルシウスはとっさにこう返してしまう。

「私は現代のローマが忘れかけている古き良き時代を再現しようとあえてこの設計にしているんじゃないか」

だが、それは保守的であることを認めているに過ぎない。ルシウスは失意の中で流行の浴場に入ってみるが、飲めや歌えやの大騒ぎで、やはり落ち着かない。

「湯の中に入るしか、静けさを感じることができないなんて……。派手なテルマエがもてはやされるこの現状を打破できるような、斬新な発想さえ思いつけば……」

オールラウンダー型の建築家であれば、浴場の仕事を外されたら店舗でも住宅でも設計すれば生きていける。しかし、浴場の専門家は、そうはいかない。「設計が古い」は「建築家失格」を意味する。ルシウスはアテネで建築を学んだエリートであるがゆえに、建築への思いが強く、安易に流行に合わせることができないというのもよく分かる。

「迷う」のは褒められたいから？

ルシウスは現代日本にタイムスリップし、真実と知り合って、さまざまな日本の入浴技術を知る。そのおかげで、次々と話題の浴場を設計するようになるも、それが「真似」ではないかと悩む姿にも、リアリティーがある。

「みんな勘違いしてるんだ。私は見たものを再現しただけで、私が考えたものなど一つもないんだ」

斬新な浴場の評判が皇帝ハドリアヌスの耳にも届き、ハドリアヌスから大きな仕事の依頼を受ける。しかし、自分が信頼していない次期皇帝候補のケイオニウス（北村一輝）がリーダーとなるプロジェクトであるため、それを断ってしまう。

「私はテルマエ技師に誇りを持ってる。自分の意に反してまで、風呂をつくることはできない」

自らが罰を受けても「つくらない」という選択ができる建築家。それは素晴らしいのか、プライドが高過ぎるだけなのか……。

それでも、いろいろあってルシウスは皇帝ハドリアヌスの信頼に応えるテルマエを提案し、実現する。それがどんな施設なのかは映画を見てほしい。「なるほど」と腑に落ちる見事なテルマエだ。

その建設過程で、日本人の働きぶりを見てルシウスがつぶやくこのセリフもいい。

「彼らには自分の名誉よりも、優先すべきことがあるというのか」

自分の設計が真似だとか担当者が駄目だとか思い悩むのは、結局のところ「誰かに褒められたい」という気持ちが最優先になってしまうからなのだ。建築の真理はそんなことではなく、シンプルに「人を幸福にすること」なのだとルシウスは気づく。なんて深いメッセージ。

最大の名言は皇帝の言葉

名セリフにあふれたこの映画だが、筆者が一番、心を打たれたのは、皇帝ハドリアヌスのセリフだ。

「テルマエとローマの在り方は似ている。広ければいいというものではない。派手であればいいというものでもない。安らげる場を与えてこそ、人々の幸福につながる」

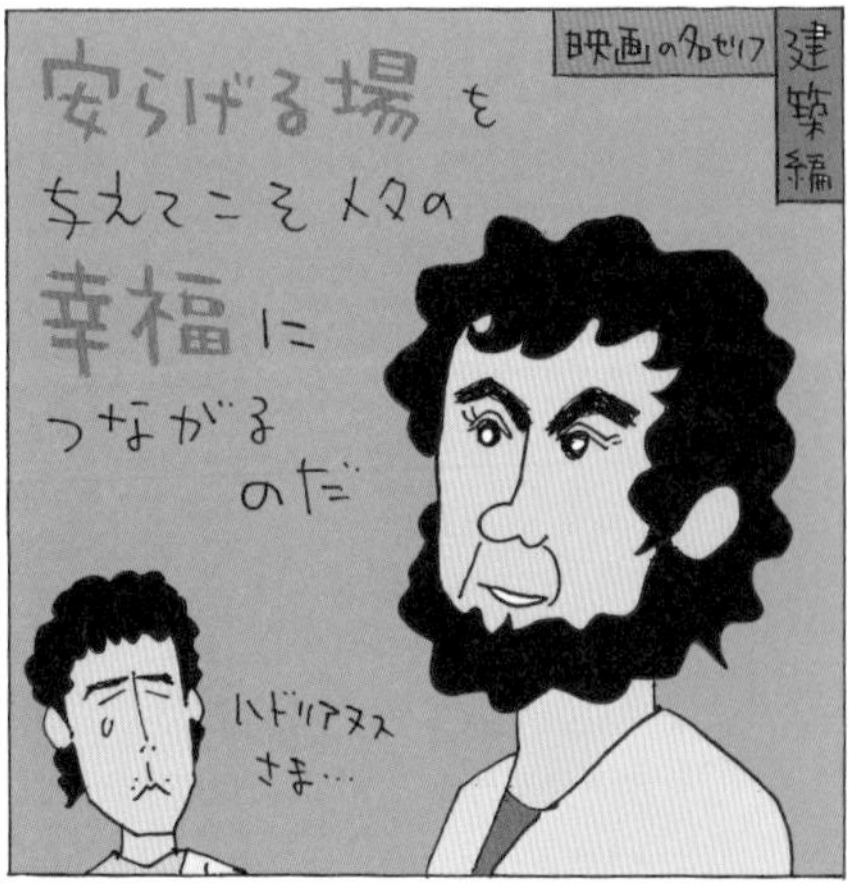
建築編
映画の名セリフ
安らげる場を
与えてこそ人々の
幸福に
つながるのだ
ハドリアヌスさま…

これも、「発注者の意識の高さが優れた建築を生む」という真理を語っている。ハドリアヌスは実在した第14代ローマ皇帝で、今日まで残るパンテオン神殿の再建を行ったほか、多くの造営事業を実行した都市プランナーでもある。

笑いながらこんなに建築や都市について学べるこの映画、大学の建築学科で必ず見せることにしたらよいと思うのだが、先生方、いかがでしょう。

COLUMN

名建築ここにあり！　日本編

映画『図書館戦争』（2013年）

メインロケ地は北九州の磯崎新
第2作は仙台の原広司をたっぷり

メディア良化法成立から30年後の「正化31年」、メディア良化委員会と図書隊の抗争を描く映画『図書館戦争』。有川浩の人気小説を実写化するに当たり、武蔵野第一図書館のメインロケ地となったのは「北九州市立中央図書館」。磯崎新の設計で1974年に完成した。チューブのような緑色の銅板屋根は、建築好きなら一瞬で分かるだろう。室内シーンはここのほか、「十日町情報館」（1999年、設計：内藤廣）や「水戸市立西部図書館」（1992年、設計：新居千秋）が使われた。

また、映画第2作の『図書館戦争 THE LAST MISSION』では、舞台となる水戸図書基地として仙台の「宮城県図書館」（1997年、設計：原広司）が全面的に使われており、建築濃度が異常に高い。

15

ドラマ

パーフェクトワールド（2019年）

車いす建築家の行動がリアルな〝気づき〟の参考書

車いすの建築家を主役に据えたラブストーリーである。グズグズな恋の駆け引きはさておき、実際の車いす建築家に取材した車いすの生活には気づかされることが多い。

本書のPART2で、田村正和、木村拓哉、宮沢りえが三角関係を演じるドラマ『協奏曲』を取り上げた（72ページ）。そのなかで、「このドラマはもし『恋の駆け引き』がなかったとしたら、『建築家の師弟のドラマ』として、かなりのリアリティー感を持って記憶されただろう」と書いた。ここで取り上げる『パーフェクトワールド』もそれと同様、「もう少し恋の駆け引きが薄めだったら……」と思わずにいられないドラマである。

『パーフェクトワールド』は、車いすの若き建築家を主役に据えたラブストーリー。関西テレビが制作し、2019年にフジテレビ系列の火曜ドラマとして放映された。原作は、有賀リエによる人気漫画（講談社『Ｋｉｓｓ』掲載）である。

リアルさでは映画版よりもドラマ版

この物語は、ドラマの前年の2018年に先行して映画化されている。映画版では車いす建築家の鮎川樹（いつき）を岩田剛典が、恋人の川奈つぐみを杉咲花が演じた。筆者は映画版も見た。約2時間の映画では、やはり盛り込めるエピソードが限られる。車いす建築家のリアリティーを見たいならば、圧倒的にドラマ版がお薦めだ。

『パーフェクトワールド』
2019年4月16日から6月25日までフジテレビ系列の火曜ドラマ枠で放送。全10回
原作：有賀リエ『パーフェクトワールド』
脚本：中谷まゆみ
主題歌：菅田将暉『まちがいさがし』
（**作詞・作曲**：米津玄師）
出演：松坂桃李、山本美月、瀬戸康史、中村ゆり、松村北斗、木村祐一、麻生祐未、松重豊
制作：関西テレビ

ドラマ版では鮎川樹を松坂桃李が、川奈つぐみを山本美月が演じる。そして三角関係の末に恋敗れる好青年・是枝洋貴（愛称はヒロ）を瀬戸康史が演じる。ご存じの方も多いと思うが、ドラマでは逆転でフラれてしまうヒロ役の瀬戸康史が、現実には山本美月と2021年に結婚。場外での再逆転を果たした。

ドラマの話に戻ろう。松坂桃李演じる鮎川樹は、大学時代に事故に遭い、下半身不随になった。しかし懸命のリハビリと勉強で、建築士の資格を取り、夢だった建築設計事務所で働いている。しかし恋愛も、大好きだったバスケットボールも、もう二度としないと心に決めていた。

ある日、高校時代の同級生、川奈つぐみと再会する。つぐみは高校時代、美術部に所属。樹がバスケットボールに励む体育館の絵を描いて絵画展で入選したことがある。鮎川もその絵をよく覚えていた。再会した2人は互いに意識し始める。つぐみは樹の頑張りに影響を受けて、インテリアデザイナーを目指し、樹も徐々に心を開き始める。

一方、つぐみにプロポーズしようと思っていたヒロは、2人のくっついたり離れたりに振り回され……という話である。

「車いすあるある」に車いす利用者も共感

松坂桃李の車いす演技がなかなかにすごい。かつてこれほど車いすの生活について考えさせられたドラマはない。

車いす利用者というと、「歩くことができない」ということだけに目を向けてしまいがちだが、それは大変さのほんの一部に過ぎないのだと気づかされる。脊髄を損傷したことによる排せつ障害があったり、いろいろな合併症に悩んでいたり、座り続けることからできる褥瘡（じょくそう）に苦しんでいたりする。そして、過去にできたことを徐々にあきらめていかなければならない精神的葛藤。

車いすの使い方に関しても、下り坂では前輪を浮かせるとか、車から乗り降りするときには自分で後部座席から車いすを出すとか、これまで知らなかったことをいろいろと知った。車いす利用者の中にも、そのリアリティーに感心した人が多かったようで、ネット上には「過去のドラマ以上に、車椅子利用者の日常生活の悩みごとをきちんと表現している。私のような車椅子利用者から見れば、『車椅子利用者あるある』ばかりだ」といった書き込みがあった。

半面、恋愛の方は、「いくらなんでも周りに迷惑をかけ過ぎだろう」というグズグズぶり。つぐみが樹との結婚を親から反対されるのはありそうだとして、いったんヒロと婚約までしていたのを破棄してハッピーエンドというのは、あまり祝福できない。冒頭にも書いたように「もう少し恋の駆け引きが薄めだったら、いいドラマだったかも」と思わずにいられない。

「心のバリアフリー」の建築家は実在する

樹の「建築家としての姿勢」にも惹かれた。例えば、雑誌の取材に樹が答えるシーンだ。

雑誌記者「鮎川さんにとって理想の建築とは？」

樹「そこに暮らす人たち全員が誰一人我慢や妥協をすることなく、それぞれを尊重しながら共存できる建築です」

その記事は、「心のバリアフリーを目指す車椅子の建築士」という見出しで雑誌に載る。なるほど、である。「車いす＝歩けない大変さ」と短絡的に考えてしまうのと同様に、バリアフリーというと物理的な障壁だけに考えが行きがちだ。それを障がいがある人、周りにいる人の〝心〟の面から考えていくというのは、確かにその通り。病院でも、ＬＧＢＴ

Qでも、どんなバリアに関しても言えそうな話である。

「車いすの建築家」は実際にいる。原作となった漫画『パーフェクトワールド』は、作者が実際の車いす一級建築士である阿部一雄氏（阿部建設代表）を取材して描かれた。前述の「心のバリアフリー」という言葉は、モデルとなった阿部一雄氏のモットーでもあるという。

スロープから見える「景色」も重要

ドラマの序盤で、樹は設計事務所の後輩たちにこんな指示を出している。これも、なるほどと思った。

樹「ここのスロープ、もう少しゆったりできないかな」
後輩「傾斜なら、車いすでも難なく上がれる傾斜にしてあります」
樹「オレが言っているのはスロープから見える景色のことなんだ」
後輩「景色？」

樹「スロープの脇の草花が見えやすいとか、夜は昼とは違った景色が見えるとか、そんなふうに機能性とデザイン性を兼ねていかないと、オレたちが考える意味はないんじゃないのかな」

ドラマの終盤では、樹の考える「心のバリアフリー」を体現するような住宅のエピソードがある。それについて書くと、物語のほとんどが分かってしまうのでやめておく。その代わりとして、ドラマには出てこない実在の住宅の話をしたい。

ライトが設計した名作バリアフリー住宅

このドラマを見ていて思い出したのは、世界の巨匠、フランク・ロイド・ライトが設計した「ローラン邸（Laurent House）」だ。1952年に米国イリノイ州に完成したバリアフリー住宅。ライトに設計を依頼したのは、車いすのケニスと妻・フィリスのローラン夫妻だ。障がいのある退役軍人に給付される補助金を建設費に充てた。

ライトは車いす利用者ではない。後世に伝わるライトのエピソードでは、「やりたいようにやって建て主ともめる」イメージがある。ところが、この住宅は、「バリアフリー住宅」や「アクセシブル・デザイン（障がいのある人もない人も、高齢者もそうでない人も共に使いやすいデザイン）」の好例として、今も高く評価されている。

残念ながら筆者は実物を見たことがないので、どんな家なのか、WEB上の情報を拾ってみた。

建物は平屋建て。夏は日差しを避け、寒い時期は家が暖まるようにするため、細長いフットボールのような形。間取りは3ベッドルーム、2バス。低いドアノブと照明スイッチ。最低36インチ幅（約91センチ）の広い戸口。室内に段差はなく、各部屋は連続していて移動のストレスが小さい。テーブルやデスクの高さは、車いすのケニスがそのまま使える高さに統一されている。本棚や収納は低い位置に違和感なく配置され、高い位置には窓と飾り棚がある。すべての作り付け家具の下にはフットレストが入るのに十分なスペースがあり、ケニスは車いすのままで家具を快適に使うことができた――。

何よりすごいのは、この住宅が「バリアフリーを感じさせないデザイン」だということ。写真を見る限り、「いかにもフランク・ロイド・ライト」という感じで、言われなければ車いす利用者の住宅とは思わない。ゆったりとしたスロ

ープから見える景色の気持ち良さそうなことといったら、「ドラマで樹が指摘していたことはこれに違いない！」と思わせる。

日本にも「世界に誇る名作住宅」はたくさんあるが、世界に誇るバリアフリー住宅があるかというと、筆者には思いつかない。いつかそういう住宅が生まれるヒントに、このドラマはなるかもしれない。

COLUMN

名建築ここにあり！　日本編

映画『ロスト・エモーション』（2017年）

隔離施設は「狭山池博物館」安藤幾何学には心を鎮める効果？

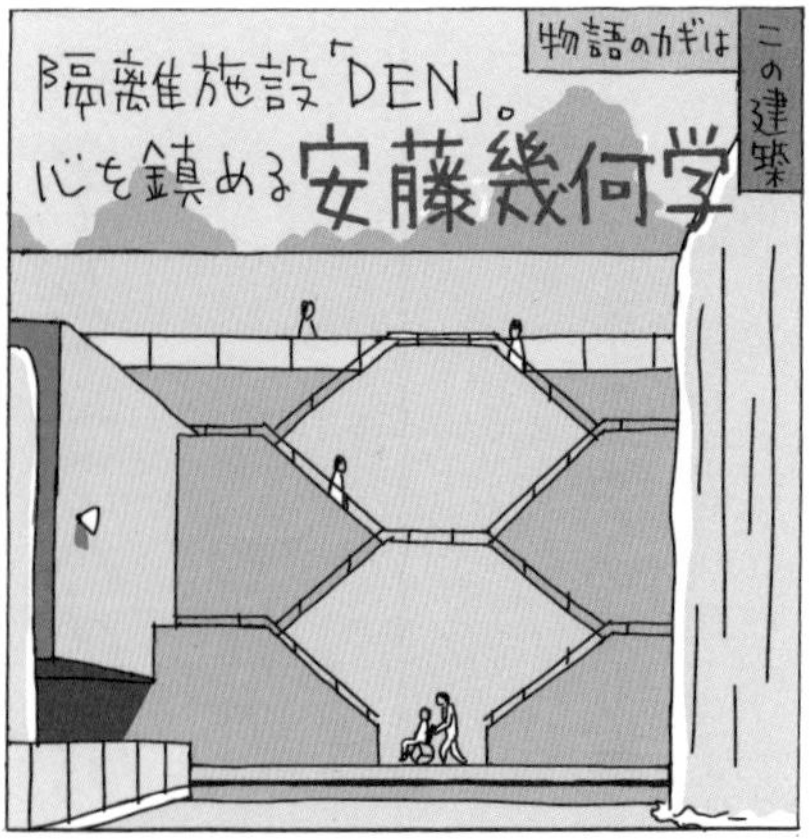

『エイリアン』や『ブレードランナー』を監督したリドリー・スコットが製作総指揮を執ったディストピア映画。タイトルの『ロスト・エモーション』は感情のない世界の意味。戦争で滅亡の危機に瀕した人類は、人類破滅の元凶は感情だと考え、遺伝子操作で感情を排除した人間の共同体をつくる。感情のない世界なので、終始、静的な風景が続く。意外にも主要部分が日本ロケで、「長岡造形大学」や「埼玉県立大学」で撮影された。安藤忠雄の建築も使われているが、そのチョイスがしぶい。感情が表れた人間を隔離する施設「DEN」として登場するのは、知る人ぞ知る「狭山池博物館」（2001年）。確かに、幾何学的な空間は心を鎮める効果がありそうだ。

16

ドラマ

大豆田とわ子と三人の元夫（2021年）

バツ3の大豆田とわ子が〝設計者出身の社長〟である理由

視聴率はさておき、共感度はすこぶる高かったこのドラマ。舞台は中堅建設会社。松たか子演じる大豆田とわ子が、なぜ〝設計者出身の社長〟なのかを考えてみた。

記憶に残るテレビドラマの視聴率が意外に伸びないというのはよくある話で、この『大豆田とわ子と三人の元夫』も、放送中（2021年4月13日から6月15日まで）の視聴率はイマイチだったらしい。しかし、見た人の共感度はすこぶる高い。筆者も、ここ数年で断トツに面白いドラマだったと思う。

主演は松たか子。カンテレ制作、フジテレビ系「火曜夜9時枠」で全10話放送された。なぜこのドラマをここでとり上げるかというと、松たか子演じる大豆田とわ子が、建設会社「しろくまハウジング」の社長で、もとは同社の設計部門のスタッフという設定だからだ。設計部門を持つ建設会社が舞台となったドラマは、おそらく日本初なのではないか。主役が設計者出身の経営者というのも、見たことのない設定だ。

3人の元夫たちのセリフが最高！

しろくまハウジング社長の大豆田とわ子は、これまでに3度結婚し、3度離婚している。3人の元夫が、離婚後もとわ子のことが大好きで、その3人の性格が全くバラバラ、ケンカしながらも仲がいい——。それがこのドラマの面白さのベースだ。3人の元夫は、離婚

『大豆田とわ子と三人の元夫』
2021年4月13日から6月15日までフジテレビ系「火曜夜9時枠」で放送。全10回
脚本：坂元裕二
出演：松たか子、松田龍平、角田晃広、岡田将生、市川実日子、高橋メアリージュン、オダギリジョーほか
ナレーター：伊藤沙莉
制作：関西テレビ

順に田中八作、佐藤鹿太郎(かたろう)、中村慎森(しんしん)。演じるのはそれぞれ、松田龍平、角田晃広、岡田将生だ。この3人のセリフが、すべてをメモに取っておきたくなるほどエッジがきいている。

物語の大半が同じ背景の中で展開される会話劇。恋愛要素が中心だが、仕事の話もかなりの頻度で絡んでくる。象徴的なのが第3話なので、この回を題材としてドラマの本質を深掘りしてみたい。

「設計・施工一貫」ならではの社内不和

3話の舞台は、しろくまハウジングのオフィス内。とわ子の部下に、尖ったデザインセンスを持つ若手設計者がいる。しろくまハウジングは住宅専門の建設会社だが、生き残りのため非住宅（住宅以外）にも業務を拡大しようとしており、この若手は期待の星だ。最近、同社が受注した大学図書館のプロジェクトで、彼は斬新な屋根の案をクライアントに提案しようとしている。ちらっと映るそのスケッチは、いかにもフランク・ゲーリー風だ（104ページ参照）。

そのデザイン案を見たとわ子は、彼のセンスに元設計者として感動を覚えるが、工事費が高くなることは明らか。ビジネスとしてはとてもゴーサインを出せない。「この案で進めたい」という設計部門のチーフに、とわ子は言う。

「うちは作品をつくっているんじゃないんだよ、商品をつくっているんだよ」

このセリフには、設計と施工をセットで受注する建設会社ならではのリアリティーがある（業界ではこれを「設計・施工一括発注」と呼ぶ）。建築家あるいは設計事務所であれば、斬新なデザインで工事の見積もりが高くなったとしても、クライアントが増額を認めるか、建設会社が安い金額で受けてくれれば、自分たちにリスクはない。

しかし設計・施工一括発注の場合には、仕事を引き受けた時点で工事費が決まっている。予想以上に工事費が高くなったとしても、それは社内でなんとかしなければならない。だから、建設会社の中では、設計部門と他部門（施工部門や経営部門）との対立が往々にして起こる。

とわ子の「向いてないんだよね」に共感

元設計者であるとわ子は、その夜、若手の案をベースにしながら、図面を引き直す。徹夜の作業で、屋根の曲面は最低限のシンプルなものへと変わる。

翌日、とわ子は、「これは一案だけどね」と設計部門に修正案を示す。「一案」といっても、社長の指示であればそれは「絶対」だ。自分の案が通らなかった若手は、退職届を出して、会社を辞めてしまう。「会社には期待してませんから」と言い残して。

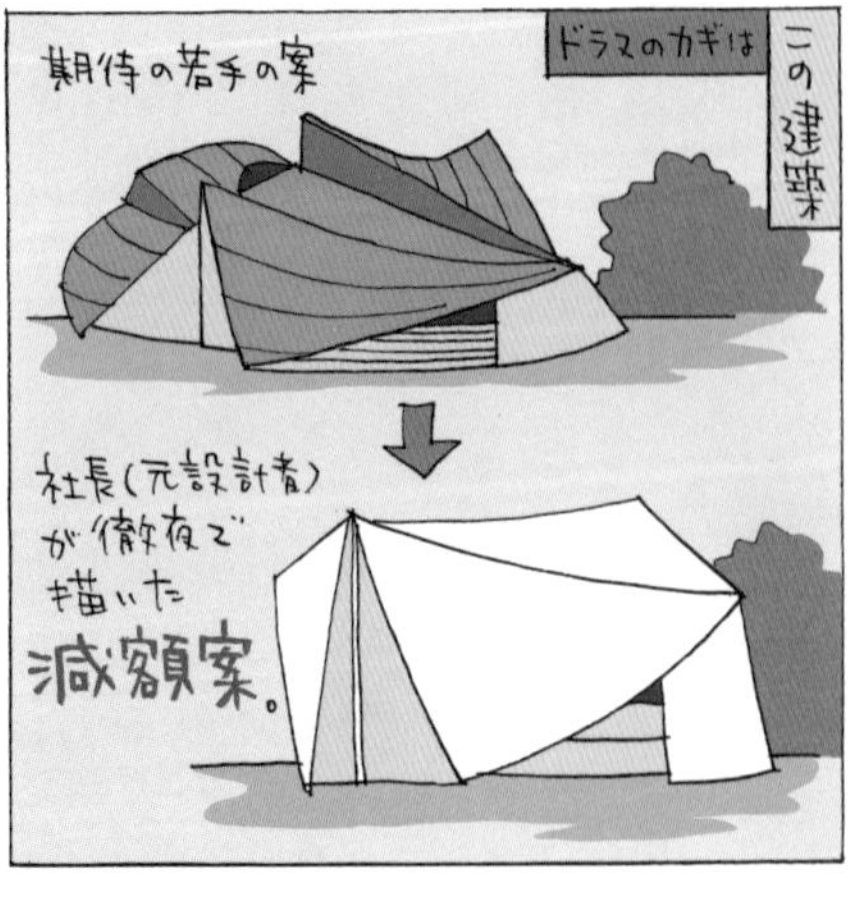

ドラマのカギは
この建築
期待の若手の案
社長(元設計者)が徹夜で描いた
減額案。

どんよりとした雰囲気になるオフィス内。部下の前では気丈に振る舞うとわ子だが、エレベーターの中で1人になると、「(社長に)向いてないんだよね」とぐったり……。

このシーンを見て、その気持ち分かる！　と思った人は多いと思う。マネジメントという仕事はそもそも敵役になりがちなもの。それに加え、クリエイター畑出身という状況は余計につらい。部下の「あなただって私の気持ちは分かるはずなのに、よくそんなことができますね」という行間の感情が伝わる。

一番駄目な佐藤鹿太郎が輝く瞬間

こんなふうに書いてくると、「見るのがしんどいビジネスドラマ」のように思えるかもしれないが、そんなことはない。こうした状況設定は、3人の元夫たちのセリフを輝かせるための伏線なのだ。

この回は、2番目の夫でファッションカメラマンの佐藤鹿太郎(かたろう)にスポットが当たる回。鹿太郎は、写真の腕は評価されているが、人間的に〝器が小さい〟ことで業界内に知られている。

若手の退職の一件で落ち込んだとわ子に、鹿太郎が声をかける。

鹿太郎「社長業、きつい?」
とわ子「きつくはないけど……」
鹿太郎「器をさあ、小さくすればいいんだよ。誰だって苦しいときはあるよ。愚痴こぼしていこうよ」
とわ子「そうだね。やってらんないよね」

鹿太郎かっこいい！　3人の元夫のなかで、客観的には一番魅力に欠けている鹿太郎なのだが、回を重ねるうちに一番好きになってしまったのは、私だけではないだろう。

鹿太郎を演じる角田晃広という役者は、初めて見る俳優で、一体どこからやって来た人なんだろうと思ったら、「東京03」というお笑いグループのあまり目立たない人だった。なんて素晴らしいキャスティング。

脚本家・坂元裕二自身の葛藤を投影？

このドラマは脚本家の坂元裕二（1967年生まれ）によるオリジナル脚本だ。坂元は、最高視聴率32％の伝説的ドラマ『東京ラブストーリー』（1991年）をはじめ、『ラストクリスマス』（2004年）、『Woman』（2013年）、『いつかこの恋を思い出してきっと泣いてしまう』（2016年）、『カルテット』（2017年）といった話題のドラマを生み出してきた。作詞家としても『明日、春が来たら』（歌：松たか子）などの作品がある。引っかかりのある言葉を紡ぐセンスでは日本屈指のクリエイターだ。

その坂元がこのドラマで、とわ子を「設計者出身の社長」という設定にしたのはなぜなのか。バリバリ仕事をする女性の葛藤を描きたいならば、商社でも保険会社でもよかったのではないか。

あくまで筆者の想像だが、これは坂元が「自分には最も向かない」と考える役割をとわ子に重ねたのではないか。坂元のプロフィルを見ると、「高校卒業後、フリーターをしながら脚本を学ぶ。1987年、第1回フジテレビヤングシナリオ大賞を19歳で受賞しデビュー」とある。こんな知的ゲームのようなセリフを書ける人が、普通に受験勉強をしたら、一流大学も楽勝だったろう。しかし、そういう普通の道は選ばなかった人だ。

それでも、ドラマの脚本を書き、実現するには、組織のルールに従わなければならないときには人にルールを押しつけなければならないこともあるだろう。このドラマのセリフがいちいち心に刺さるのは、そんな脚本家自身の葛藤が「設計者出身の社長」であるとわ子と、3人の元夫たちに投影されているからではないか。

そう考えると、「その気持ち分かる！」と思える人は世の中のマスではないのかもしれない。高視聴率でなかったことにも納得がいく。しかし、はまる人は深くはまる傑作ドラマであることは間違いない。

17

映画

釣りバカ日誌13 ハマちゃん危機一髪！（2002年）

施主の顔をつぶす設計部員がいる鈴木建設は大丈夫？

『釣りバカ』シリーズの中で〝設計部のエース〟が鍵を握る回がある。この回は設計部が絡むドタバタを描くことで、鈴木建設の〝姿勢〟を問う内容となっている。

「寅さん」の後を引き継ぐ国民的コメディー映画として、1988年から全22作が製作された『釣りバカ日誌』シリーズ。西田敏行演じるハマちゃんが鈴木建設の営業部員であることは、見たことがない人でも知っていると思う。では、シリーズの中で設計部のスタッフが鍵を握る回があることをご存じだろうか。社内で〝設計部のエース〟〝ミス・スズケン〟と呼ばれる桐山桂を演じるのは鈴木京香だ。

前項の『大豆田とわ子と三人の元夫』で、「建設会社の設計部を描いたドラマは珍しい」

と書いた。映画もしかりである。この貴重な回は、『釣りバカ日誌13 ハマちゃん危機一髪！』。公開されたのは2002年夏だ。この回は、設計部が絡むドタバタを描いたことで、結果的に鈴木建設の〝建設会社としての姿勢〟を問う内容となっている。

クライアントの案に納得できず、社長に直訴

ハマちゃんこと浜崎伝助（西田敏行）が、富山にある老舗製薬メーカー天狗堂の会長・黒部五郎（丹波哲郎）の計画している民間美術館を獲得する。ハマちゃんと黒部会長は釣り仲間だ。ハマちゃんは、黒部会長の言う通りに建てると、友達感覚で約束していた。

しかし設計部のミス・スズケンこと桐山桂は、黒部会長が自ら描いた奇抜なデザインに納得できず、社長の鈴木一之助（スーさん、三國連太郎）に直訴する。こんなやりとりだ。

『釣りバカ日誌13 ハマちゃん危機一髪！』
2002年8月に公開。109分
監督：本木克英
脚本：山田洋次、朝間義隆
原作：『釣りバカ日誌』
出演：西田敏行、三國連太郎、鈴木京香、小澤征悦、丹波哲郎、浅田美代子、岡本信人
配給：松竹

桐山「売り上げを確保するには、どんな注文にも応じなければならないというのは社長のお考えですか？」

スーさん「いいえ、そんなことはありませんよ。建築という仕事は未来にメッセージを残すことだと信じて、私は50年やってきたんです」

桐山「それを聞いて安心しました。実は、富山の天狗堂に私のプランをお持ちしたのですが、全く取り上げていただけず、送り返されてきたんです。会長じきじきにお描きになったというこのデザイン画と一緒に」

スーさん「まるで孫悟空の觔斗雲じゃないですか。ああ、やだやだ……」

映画の名セリフ
建築編
建築という仕事は
未来にメッセージ
を残す仕事です。
うーん
これは…

天狗堂のワンマン会長は丹波哲郎

天狗堂の会長は、自分の描いた絵の通りでないと発注をキャンセルするという。桐山は、スーさんの了解を得て、営業のハマちゃんとともに富山へ向かう。天狗堂のワンマン会長・黒部五郎を演じるのは丹波哲郎だ。ヤクザのボスのような丹波の演技が実にいい。

黒部会長「わしのデザインにケチをつけるんか。お前さん（ハマちゃん）、あの通りの建物を建てると約束したろうに。あんなものはつくれんというのか」

桐山「はい、その通りです」

社長「なにぃ？」

桐山「私は鈴木建設の設計を担当する者として、このようなものをつくりたくありません」

（ハマちゃんはおろおろ）

桐山「会長のコンセプトは、従来の美術館や博物館のような堅苦しいものにしたくない、訪れる人がゆったりできるものにしたい、ということだと思います。ですが、会長が描かれたデザイン画通りですと、建物が主張し過ぎて、まわりの風景と調和がとれなくなってしまいます。会長の愛する富山の風景が、建

物のせいでぶち壊しになるんです」

そう言って、桐山は自分の提案を改めて説明する。会長は、それを見て、自分が描いた絵を破り捨てる。そしてこう言う。

「桂さん、すべてあんたに任せる」と。

ルーバー屋根は隈研吾の影響か

このとき、桐山の出す提案が、なかなかいい。「風景に埋もれてしまう建築」という桐山のコンセプトが伝わる。完成予想図をよく見ると、山のような形の建物の約半分が、木のルーバー（板を隙間を空けて並べたもの）で覆われている。

これは想像だが、映画の公開年が2002年夏だったことを考えると、桐山の設計案は2000年11月に開館した「那珂川町馬頭広重美術館（当時は馬頭町広重美術館）」を参考にしたのではないか。同施設は、今をときめく建築家、隈研吾の設計によるもので、屋根を含む建物全体を木のルーバーで覆う大胆なデザインが大きな話題となった。もし、映画の美術スタッフが独自にルーバー屋根案を考えたのだとしたら、その人は建築家になれる。

映画に戻ると、美術館のデザインについては桐山に任せることで落着するものの、桐山の性格を黒部会長が気に入ってしまい、新たなトラブルが始まる。このトラブルが結局どうなるのかは、映画を見てほしい。コメディー映画なので、危機は回避されてハッピーエンドとなる。そこでも、スーさんの毅然とした態度はかっこいい。

施主に駄目出しする〝エース〟には疑問

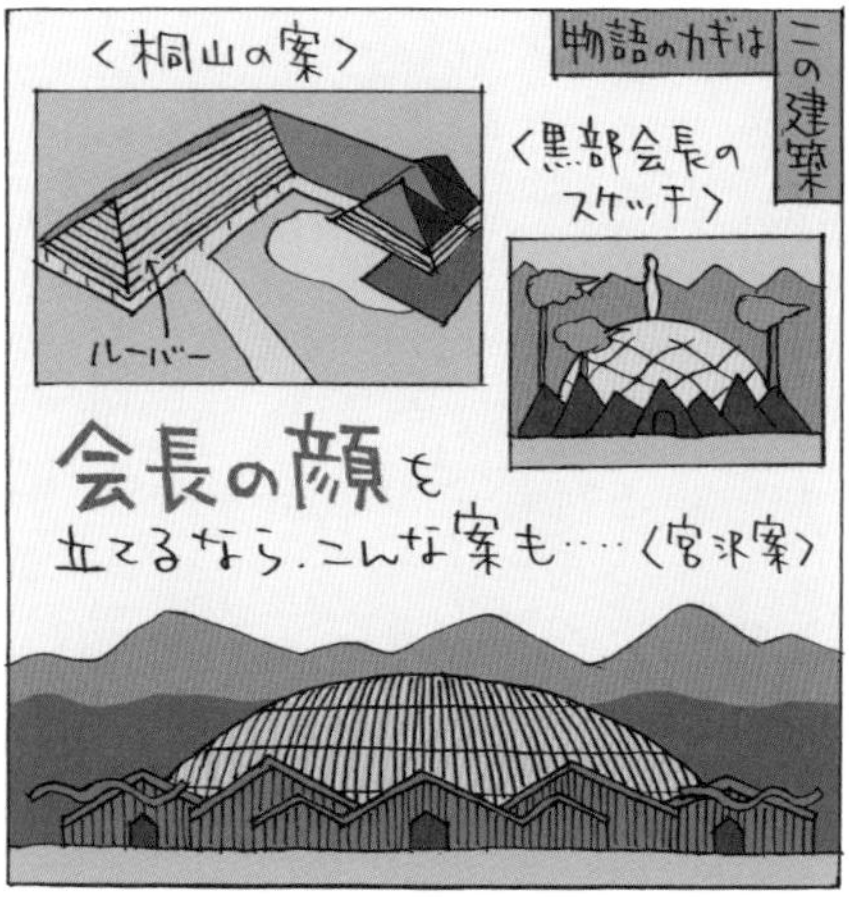

しかし、である。かつて会社組織に属していた筆者としては、桐山のやり方はどうなのかと、かなり引っかかる。

まず、上司を飛び越えてみんなが社長に直訴していたら、組織が回らない。そして、クライアントである黒部会長が自ら描いた絵を「駄目だ」と明言するのは、個人の建築家ならばともかく、大組織に属する人間としては決して褒められた行為ではない。

組織人であれば、会長のドームみたいな造

形をいったん受け入れたうえで、景観になじむデザイン手法を考えるべきだろう。会長もそういう対応を期待しているから、設計も含めて建設会社に頼むのではないか。

先ほど、桐山の案が、木のルーバーで全体を覆った隈研吾の美術館に似ていると書いたが、例えば、会長のドームの絵を生かして、ドーム全体を木のルーバーで覆うというやり方もあるだろう。

会長自身が「俺のアイデアで建てた」と思うことで、出来上がった建築への愛情が深まる。それは社員にも伝播し、結果的に建物が大事にされる。オールハッピーにしなければならないのだ。建設会社の設計部員とは言えない。〝設計部のエース〟と言われる人であれば、言わずもがなだ。

鈴木社長の理念や人間性は素晴らしいと思うが、鈴木社長の個人的資質に頼り過ぎる鈴木建設は、組織としてちょっと危ういのではないか。物語とはいえ、クライアントに何度も頭を下げなければならないスーさんが不憫でならない。まあ、ハマちゃんや桐山のような個人プレー派は、全体のごくごく一部なのだとは思うが……。そうでなかったら、スーさんも休日にのんびり釣りなどしていられない。

COLUMN

名建築ここにあり！　日本編

ドラマ『半沢直樹』（2013年、2020年）

「倍返し」が似合う二又階段は階段の名手、渡辺仁の設計

「倍返し」が流行語となった『半沢直樹』シリーズで、物語を盛り上げた階段を覚えている人は多いだろう。半沢直樹（堺雅人）が勤める東京中央銀行本店玄関の大階段だ。2階に向かう途中にゆったりとした踊り場があり、そこから左右に分かれる。ヨーロッパの宮殿を思わせる二又階段だ（振り分け階段とも呼ぶ）。頭取や役員らが、踊り場にずらっと並んで、大臣や金融庁職員を出迎える。ときには半沢が宿敵、大和田暁（香川照之）と対峙する。あれは「東京国立博物館本館」の正面玄関にある階段だ。渡辺仁（1887～1973年）の設計で1937年に完成した。渡辺仁は横浜「ホテルニューグランド」や銀座「和光」の設計者で、階段の名手でもある。

18

ドラマ

10の秘密（2020年）

耐震偽装を知ってしまった検査員の行動に心がざわざわ

耐震偽装をテーマにしたサスペンスドラマだ。建築確認を担当する「確認検査員」が主役。演じる向井理の真面目さと不正のリアルさとで、心が終始ざわざわする。

「確認検査員」という〝裏方〟の仕事に脚光が当たるのは、建築関係者として喜ぶべきことなのかもしれない。でも、見ている最中、ずっと心がざわざわしてしまうドラマだ。

取り上げるのは、2020年に関西テレビ・フジテレビ系で放送された連続サスペンスドラマ、『10の秘密』。主演の向井理（おさむ）が、大手建設会社の〝偽装〟を知ってしまった確認検査員を演じる。

白河圭太（向井理）は確認検査員の仕事をしながら一人娘を育てる39歳のシングルファ

ーザー。かつては建築家を目指し、アトリエ系の設計事務所に勤めていた。しかし、上昇志向が強過ぎる弁護士の妻・由貴子（仲間由紀恵）と離婚。娘の瞳との時間を大切にしたいと考え、定時で仕事が終わる建築確認検査機関へと転職した。

おお、よく調べたな、という設定だ。これはありそうだ。

「設計事務所→確認検査員」の転職は多い

「確認検査員」が何だか分からない人のために説明しておくと、大きくは「建物ができるプロセス」をチェックする仕事だ。具体的には、①図面が法規に適合しているかの図面審査、②図面どおりに施工されているかどうかを確認する中間検査や完了検査――の2つが主な業務となる。

実際、設計事務所を経て、この仕事に転職する人は多い。なぜなら検査員の受験資格を得るの

『10の秘密』
2020年1月14日から3月17日まで関西テレビ制作・フジテレビ系の「火曜夜9時枠」で放送。全10回
脚本：後藤法子
出演：向井理、仲間由紀恵、山田杏奈、仲里依紗、佐野史郎、渡部篤郎
制作：関西テレビ

に、一級建築士の資格が必要だからだ。表舞台に出ることはほとんどないが、建築の品質を陰で支える重要な仕事だ。

筆者は向井理が主役を演じるドラマを初めて見た。向井のいかにも真面目そうなキャラクターは、確認検査員という役柄にしっくりくる。素の真面目さでこの役に抜擢されたのかもしれない。

中間検査を悪用した会社ぐるみの偽装

ただ、真面目なイメージが強過ぎて、ドラマの鍵となる〝影〟の部分に共感が湧かない。

序盤はこんな話だ。白河圭太は誘拐された娘を救うため、元妻の由貴子から、「大手建設会社・帝東建設の不正の証拠を入手してほしい」と頼まれる。圭太は、建設中の現場で投身自殺をした現場所長のマンションに忍び込み、パソコンから不正の証拠を盗み出す。由貴子は誘拐犯にそのデータを渡し、それと引き換えに娘は解放される。

現場所長が自殺した現場は、帝東建設が建設中のタワーマンション。安全性を売りに販

売しているのに、実は3階以上の柱に「図面に記された鉄筋」が入っていない。圭太は入手したデータを帝東建設の社長（佐野史郎）に突きつけて、こう言う。

「私には分かるんです。このマンションがSRC造とうたうならば、最上階まで鉄骨、鉄筋が入っていなければならない。それなのに現場の写真を見ると、2階までしか鉄筋が入っていない。これは、2階までで行われる中間検査を悪用した会社ぐるみの偽装です」

いつもの向井理の役どころなら、その不正を真正面から正すところなのだが、このドラマではなんと、その口止め料として社長に3000万円を要求する。つまり恐喝。えっ、そんなのあなたに向いてないよ、と友人のように心がざわついてしまう。

その後も、「それはあなたに向いてない」と思うことが何度も繰り返されながら話は進んでいく。『10の秘密』というタイトル通り、目まぐるしい〝隠し事とウソの連鎖〟。でも、登場するキャラクターの中で、どうにも主役の向井だけ悪のオーラが感じられない。それがキャスティングの狙いなのかもしれないが……。

あまりにリアルな「不正の手口」

心がざわざわしてしまうのは、キャスティングのせいだけではない。不正の手口があまりにリアルなのだ。

不正が行われた「SRC造」というのは、鉄骨鉄筋コンクリート造のこと。鉄骨造（S造）と鉄筋コンクリート造（RC造）を組み合わせたもので、H形鋼などの頑丈な鉄骨の柱の周りに、鉄筋を組んでコンクリートを施工するため、RC造よりも細い柱や梁で強度の高い構造物を造ることが可能になる。高層ビルやタワーマンションなど、大規模な建物に用いられる。

この構造から鉄筋を抜いてしまうと、ねばりが利かなくなり、耐震性は著しく低下する。柱の中なので完成後には分からない。このドラマではこの手抜き工事を「3階以上」で行ったと説明している。法律上、確認検査員が行う中間検査は「2階」の施工段階で行うとしており、帝東建設はその検査をクリアした後に、不正を実施したのだ。

実にありそうな設定で、「こんなのあり得ない」と笑い飛ばせないのが怖い。

そして、こんな専門的な内容の不正が、詳しい説明もなく視聴者に共有されてしまうことも怖い。おそらくこれを見たほとんどの人は、元ネタは構造計算書偽造事件（２００５年）だな、とピンと来るのだろう。その共通理解がなかったら、こんなマニアックな不正をドラマの鍵にはしなかっただろう。

あの事件から15年以上たっても、一般の人は建設業界を信用していないんだな……。そう思うと、業界の端っこにいる人間としてはざわざわしてしまうのである。

国内最大手の建築確認検査機関が監修

それにしてもこのマニアックな不正、制作陣はどうやって考えたのか。きっと助言者がいるんだろうなと思って、ドラマのエンドロールを見ていたら、やっぱりいた。最後の方で、小さく「建築監修：日本ＥＲＩ」と映る。日本ＥＲＩは国内最大手の建築確認検査機関だ。なるほど、それでこのリアリティーなのか。

でも、このドラマって確認検査員のイメージアップになったのかなあ……。ドラマに協力した日本ＥＲＩの人の心中を思うと、それもざわざわするのである。

19

映画

海辺の家

（2001年）

「模型一筋」の葛藤を思うと親子の和解がさらに泣ける

主人公は設計事務所を解雇された男。余命わずかと知り、交流のなかった息子とセルフビルドで家を建てる。主人公が「模型制作専門」という設定はなぜなのか。

死期を悟った中年男が、疎遠だった家族とどう向き合うかという話である。主人公は、建築設計事務所をリストラされた男だ。正直、筆者は余命何カ月という話が苦手で、この映画『海辺の家』も知ってはいたが、避けていた。食わず嫌いだった、と反省した。

この映画はアーウィン・ウィンクラー監督により2001年に製作され、日本では2002年に公開された。大ヒットはしなかったが、配信などで見た人の評価はすこぶる高い。私のように「食わず嫌いだったが、意外に……」という人が多いのだろう。

ウィンクラー監督（1931年生まれ）は、もともとマーティン・スコセッシ監督作や『ロッキー』シリーズなどを手掛けてきた名プロデューサー。映画監督デビューは1991年（60歳）と遅い。この『海辺の家』は、70歳のときの監督作品だ。

リストラされる主人公の担当は「模型制作」

大手の設計事務所に勤めるジョージ・モンロー（ケヴィン・クライン）は、海辺の崖に立つボロ家に住んでいる。妻ロビンと離婚し、気ままに暮らしている彼は、周囲から変人と見られている。

『海辺の家』
アメリカ公開は2001年10月、日本公開は2002年7月。126分
原題：Life as a House
監督：アーウィン・ウィンクラー
脚本：マーク・アンドラス
出演：ケヴィン・クライン、ヘイデン・クリステンセン、クリスティン・スコット・トーマス、ジェナ・マローン
配給：ニュー・ライン・シネマ

オープニングは、ボロ家のベッドで目覚めたジョージが、ブリーフ1枚で外に出て、海を見下ろすシーンから始まる。映画『ル・コルビュジエとアイリーン 追憶のヴィラ』（88ページ）もそうだったが、なぜ建築家はパンツ一丁のイメージがあるのだろうか……。

ジョージは設計事務所に勤めているが、正確には建築家ではない。20代半ばから20年以上、模型制作を専門に担当していた。だが、ある日、前触れもなく解雇を言い渡される。

上司「最近はCGを使えば、数時間でいろいろなデザインをクライアントに示せる。なのに、君は昔のままだ」

ジョージ「こんな仕事、最初から嫌いだった」

激昂したジョージは事務所内にある模型を叩きつぶして回り、職場の同僚たちはうろたえる。事務所を追い出されるように後にしたところで、ジョージはお腹を押さえて倒れてしまう。

ドラッグ常習の息子と家を建てる

病院のベッドで目覚めたジョージは、自分の余命がわずかだと悟る。そして、海辺のボロ家の建て替えを決意する。なぜ余生がわずかなのに、家を建て替えるのかというと、そこにはある考えがあった。

ジョージの前妻ロビンは、息子のサム（ヘイデン・クリステンセン）を引き取り、再婚している。現在は再婚相手との間に2人の子どもができて、裕福な生活を送っている。しかし、高校生のサムは義父と反りが合わず、ドラッグに手を出す荒れた生活を送っていた。夫妻はサムの扱いに困り果てている。

ジョージはロビンに、夏休みの間、サムを自分に預けてほしいと頼む。家の建設を手伝わせたいのだと。しかし、サムはそれに猛烈に抵抗。それでもジョージはサムを無理やり連れて帰る。

言い合いを繰り返しながら、父子の家づくりが始まる。特別な工事以外はプロに頼まない。いわゆるセルフビルドだ。

2人でボロ家の壁を壊し、新しい木材を組んでいく。やがてセルフビルドの現場には、2人の子どもたちを連れたロビンや、近隣の住人も加わる。そして、親子の関係は……とう話である。

「セルフビルド」のセラピー効果

あらすじを聞くと、「よくあるお涙頂戴モノでしょ」と思うかもしれない。だが、見ていてあざとい感じはしない。ああ、「確かにこれなら父子が分かり合えそう」と思える。それは、親子役のケヴィン・クラインとヘイデン・クリステンセンの演技のうまさに負うところが大きいだろう。

アカデミー賞男優であるケヴィン・クラインは、淡々と駄目な父親を演じており、押しつけがましくない。荒れた息子役のヘイデン・クリステンセンも、反抗期ゆえの葛藤に納得のいく演技。うまい役者だなあと思っていたら、『スター・ウォーズ エピソード2』（2002年）でダークサイドに落ちるアナキン・スカイウォーカーの人だと、途中で気づいた。

本書は、そんな演技評の場ではない。書きたいのは、父子の和解がしっくりくるもう一つの理由だ。それは、「家づくり」を物語の舞台にしたことである。

昔から、絵画やものづくりには、心理療法の効果があるといわれている。建物のセルフビルドはその最たるものなのではないか。そうしたものづくりセラピーの効果を意識して、製作陣は「親子で家を建てる」という設定にしたと思われる。

ジョージが「模型制作担当」だった理由

けれども、家を建てるには、法律を遵守した設計図を描き、役所の認可を受けなければならない。建設に必要な部材を発注するには、人脈も必要だ。もし主役のジョージが普通のサラリーマンだったら、「家のセルフビルドはさすがに無理でしょ、倉庫くらいにすればいいのに」と突っ込みを入れたくなる。だから、主人公は「設計事務所をリストラされた男」という設定でなければならなかったのである。

「設計の資格があること」は物語上の必然だったとして、なぜ「模型制作」というニッチな担当でなければならなかったのか。これにも理由があると思う。

序盤で事務所内の模型を壊して回るシーン。これは長年勤めた会社を突然クビになった腹いせだけではない。ここからは筆者の想像だ。

ジョージは若い頃、設計希望だった。だが、それよりも手先の器用さが認められ（あるいは設計のプロジェクトで何か失態を演じ）、模型制作担当に回された。人とのコミュニケーションが少ない模型づくりは嫌いではなかった。だから会社の命に従っていた。だが、ずっと設計への思いはあった。

それで密かに海辺の自邸を設計して、建設許可を取り、材料の発注まで済ませていた。あと何年か模型制作の仕事を続け、退職したら、自分の手で建てよう。そう思っていたに違いない。

冒頭シーンにちらりと映る家の模型

おそらく誰も気づかないと思うが、この映画の冒頭のシーンをよく見ていると、ジョージのボロ家の窓際に、新しい家の模型がちらりと映る。きっとジョージは毎朝、この家の模型を眺めては、現実の仕事に折り合いをつけていたのだろう。

それが、突然のクビ宣告。20年間押し殺していた心の堰（せき）が崩れ、怒りに任せて模型を叩き壊して回る。あのシーンは、ジョージのそういう心情を表していたのではないか。

息子のサムが父親を嫌っていたのも、自分の望まないことをやり続けている父への軽蔑があったのかもしれない。自分で設計した家を建てる父の姿に、父自身の〝心の解放〟を感じて、徐々に話を聞くようになったのではないか……。といったことは映画内では全く説明されないが、そう考えると泣ける。

ところで、この映画の中では「模型は時代遅れだ」と言われているが、公開から20年たった今も、建築模型は顕在だ。むしろ、CG全盛の中で、手の込んだ模型はプレゼンの場

で大きな武器となっている。味のある手描きのパースもしかり。ＶＲ（仮想現実）やＭＲ（複合現実）が当たり前になったとしても、きっとそれは変わらない。

この住宅
物語のカギは
実はオープニングシーンで
ジョージの家の窓際に置かれている
海辺の家の模型。

20

映画

火天の城（2009年）

信長が見込んだ棟梁の乱心は原作小説とは別モノ？

日本はもともと棟梁の文化であった。棟梁は「建築家」兼「現場所長」の仕事。安土城を築城した棟梁の活躍を描く映画だが、後半は乱心とも思える奇行が目立つ。

映画『火天（かてん）の城』は、織田信長の命を受けて、「安土城」の築城に挑んだ棟梁の物語だ。主演は西田敏行。

「戦国時代の『プロジェクトX』」「第11回松本清張賞を受賞した歴史小説を完全映画化！」——。そんな触れ込みで、2009年に公開された。物語の面白さはさておき、「建築」の視点で見ると、正直、評価に迷う映画である。

「棟梁」というのは、「建築家」兼「現場所長」の仕事である。日本はもともと棟梁の文化であった。建築家という仕事が「デザイン」「技術」「法規（戦国時代であれば兵法）」とオールマイティーさを求められる仕事であるうえに、棟梁にはさらに「施工計画」や「現場のマネジメント」が加わる。そんな棟梁という複雑かつ魅力的な仕事を真正面から描いたと思われるこの映画、本書で取り上げないわけにはいかない。

信長の心をつかんだ無名の棟梁

序盤は物語にぐいぐい引き込まれる。1575年（天正3年）、長篠の戦いで武田勢を破った織田信長（椎名桔平）は、天下統一事業を象徴する巨城を、琵琶湖を望む安土の地に建設することを決意。岡部又右衛門（西田敏行）に設計と建設の指揮を執るように言い渡す。又右衛門は熱田の宮大工で、全国的には有名ではないが、信長が十数年にわたって才能を評価してきた男だ。

『火天の城』
2009年9月に公開。139分
原作：『火天の城』
監督：田中光敏
脚本：横田与志
出演：西田敏行、大竹しのぶ、福田沙紀、椎名桔平、緒形直人、笹野高史ほか
配給：東映

信長が建てようとしているのは、誰も見たことがない五重の城だ。

信長「五重の櫓が天下を従えてそびえ立つかどうか、その一点を答えよ」
又右衛門（少し間を置いて）「建てまする」
信長「ようゆうた！　何年かかる？」
又右衛門「5年はかかりまする」
信長「3年で建てろ」

強引な信長を演じる椎名桔平がいい感じだ。
信長はそうやって又右衛門に築城を命じながらも、後になって「指図争い」にすると言い出す。指図とは図面のこと。つまり、指図争い＝設計コンペだ。

切腹を覚悟した火災実験

又右衛門と提案を競うのは、金閣寺を建立した京都の池上家と、奈良の大仏殿建造を担った中井一門。信長は名門二者の顔を立てながら、地方都市の宮大工・又右衛門の優秀さをアピールさせ、誰もが納得する形で建設を進めようと考えたのだ。信長は「五重の櫓」という条件のほかに、「内部に大きな吹き抜けを設けること」を加える。城の視覚的インパクトを増すためだ。

そして、指図争いの当日。信長の前に3つの模型が並べられ、それぞれの棟梁がプレゼンをする。ところが最後に登場する又右衛門の案には「吹き抜け」がない。現在のコンペであれば要項違反＝失格で済むが、信長の意にそむくことは死罪を意味する。

「吹き抜けはどうした？」と詰め寄る信長に、又右衛門は「親方さま、これを！」と言い、3つの模型に火をつける。すると池上家と中井一門の模型は、全体がたちまち大きな炎に包まれる。だが、又右衛門の模型はなかなか火が上っていかない。中に吹き抜けがないからだ。

これは、よく聞くかもしれない「煙突効果」という現象で、窓が少なく、空気が下から上に流れる空間では、室内がかまどのような状態になって一気に燃え広がる。又右衛門はこう叫ぶ。

「その道（吹き抜け）は、炎の道となりまする。親方さまの命を守る城をつくる務めにてございます！」

又右衛門の命をかけた要項違反は信長の心を動かし、又右衛門は、正式に安土城の建設リーダーに指名される。

次は命をかけてヒノキを探しに

なんて、科学的な棟梁！　と、序盤の火災実験では思った。だが、中盤以降、「おや？」と感じ始める。

中盤の山場は、親柱となる巨大ヒノキの調達だ。親柱は建物の中心に立つ柱のこと。一般には「心柱（しんばしら）」と呼ぶことが多いので、本書でも心柱と呼ぶ。

又右衛門は、5層の屋根を支えるためには、内部は7階の構造（五層七重）にすることが必要で、その中心に立つ心柱は巨大なヒノキがふさわしいと考える。誰も見たことのない「天下一のヒノキ」を求めて、木曽義昌（笹野高史）の領地である木曽の山中にヒノキを探しに行く。義昌は織田信長の配下ではない。ここでも、命をかけて材料探しに出かけたわけだ。

義昌の領地に入った又右衛門は、あっけなく義昌の元に連行される。又右衛門は義昌に向かって、「この命と引き換えで済むならば、差し上げまする。代わりに、御領内のヒノキを頂戴いたしとう存じまする」と懇願。面倒ごとを避けたい義昌は、ヒノキの匠である甚兵衛（緒方直人）に、「適当なヒノキを見せて、追い返せ」と命じる。

甚兵衛はその命令に従って森を適当に案内するが、又右衛門は甚兵衛が寝ている間に、勝手に森の中を探しまわり、樹齢400年のヒノキの巨木を発見。甚兵衛が、「この木は、この山が2000年をかけて育てたご神木である」と言うと、又右衛門は「その2000年、風雪に耐える城をつくりたい。頼む」と懇願する。

結局、甚兵衛はその熱意に打たれ、義昌の許可を得ずに、巨大ヒノキを又右衛門に送ってしまう。そして、それが発覚し、甚兵衛は義昌に斬られる。

意匠のシンボルは人の命より重要？

いいシーン！　と思う人が多いのかもしれないが、筆者は「え？」と思った。冒頭の火災実験のエピソードと2つの点で矛盾している。

一つは、甚兵衛がこっそりヒノキを送ることは、すなわち主君（義昌）にそむくことで、死罪を意味する。そんなことは当然分かっていながら、ヒノキをくれと甚兵衛に迫るのは、「命を守るお城をつくる」を掲げる「人命第一主義者」とは対極だ。自分の命をかけるのは

かまわないが、他人の命と城を秤にかけるのはどうなのか。

もう一つの違和感は、「城の実現には巨大な心柱が必要」という判断が、あの火災実験を行った科学的センスの持ち主とはとても思えないこと。「5層の屋根を支えるためには、内部は7階の構造（五層七重）にすべきだ」と、ここまでは非常に科学的。それだけの構造設計の力があるならば、絶対に、細い柱を複数立てて荷重を分散するか、何本かの柱を束ねて組み柱にするはずだ。

そんなことは承知のうえで又右衛門が「天下一のヒノキを」と言ったならば、それは「構造的に不可欠」ということではなく、「意匠のシンボルとして必要」という意味であろう。甚兵衛の命はその代償となったのである。

山本兼一の原作小説は別モノ

終盤のエピソードも、「えっ、その選択？」「2000年持たせるんじゃなかったの？」

と思った。だが、それを書くと、あらすじを全部書くことになってしまうので、後は映画なり、原作の小説なりをご覧いただきたい。

この映画は、少なくとも「戦国時代の『プロジェクトX』」ではない。序盤の火災実験は確かにその雰囲気だが、信長に建設リーダーとして正式任命されて以降は、「誰も見たことのない建築をつくること」に取りつかれた棟梁の「業（ごう）」、あるいは「乱心」を描いた物語として見た方がしっくり来る。

原作は、山本兼一（1956〜2014年）が7年をかけて書いたという同名の小説だ。私も、映画を見た後で読んでみた。

あれ、映画と全然違う……。小説の中の又右衛門は、それほど清廉潔白な人間ではない。最初からクリエイターらしい業を持つ人間として描かれている。だから、それぞれのエピソードもしっくり読める。映画は安土城の完成で終わるが、原作の小説では安土城がわずか6年で焼失するシーンまでを描いている。

あなたが建築関係者ならば、小説を先に読んだ後、「えっ、そうするの？」と突っ込みながら映画を見るのがいいかもしれない。こういうシブいテーマを豪華キャストで映画化してくれたことに感謝しつつ……。

COLUMN

名建築ここにあり！ 日本編

映画『総理の夫』（2021年）

ロケ名所となった吉阪建築 形だけでなくブリッジも生かす

物語のカギは
この建築
森とつながる
鳥類研究所は
大学セミナーハウス
鳥類研究所

ロケに使われる建築は多いが、研究所や基地として使われた実績ナンバーワンは、「大学セミナーハウス本館」（東京都八王子市）だろう。ル・コルビュジエの弟子である吉阪隆正の設計で1965年に完成。四角すいを逆さにして地面に突き刺した形で、外壁はコンクリート打ち放し。一見して、普通のオフィスでないと分かる。かつては『ウルトラマン』『仮面ライダー』『怪獣ブースカ』などの名作に使われ、50年たった今もロケに使われているのがすごい。2021年に公開された映画『総理の夫』では、女性首相（中谷美紀）のノンビリ夫（田中圭）が勤める「鳥類研究所」に。上部に架かるブリッジが森につながっているところが、確かに鳥類研究所っぽい。

PART 4

建築の裏側を知る

映画やドラマでは、関係者しか見ることができない〝建築の裏側〟を舞台にしたものが少なくない。日常的に使う建築であっても、裏側は非日常。それが見る者を物語に引き込む。しかし、裏側にリアリティーを持たせるには、つくり手側に並々ならぬ知識や経験が必要だ。そこには本筋とは別のストーリーが見え隠れする。

21

映画

タワーリング・インフェルノ（1974年）

パニック映画の最高峰にして超高層災害の予言書

超高層ビルで大火災が発生。「脱出」という本筋に加えて、建物内のさまざまなバックスペースや、設計者と消防士の関係など、〝建築の裏側〟を見事に描く。

「建築」の仕事をするようになってから30年間、この映画をずっと見返したいと思っていた。日本では1975年に公開された米国映画『タワーリング・インフェルノ』。パニック映画の最高峰ともいわれる名作だ。

「インフェルノ」は「地獄の光景」という意味だ。直訳すれば、「超高層ビル地獄絵図」となる。

初めて見たのは、日本公開から数年後のゴールデン洋画劇場だったと記憶している。映画解説者が「タワーリング・インフェルノ、怖かったですね」と、小学生だった自分の背中をさするように話していたように思う。千葉県の田舎に住んでいた自分にとって、映画内の超高層ビルは〝怖さの塊〟にも思えた。その段階で建築家と消防士は自分の職業選択から外れた。

大人になり、自分の意思とは関係なく、建築雑誌に配属された。その雑誌でビル災害の記事を書くたびに、この映画のことが気になっていた。「あれはどのくらいリアルな話だったんだろう」と。

忙しさにかまけて今になってしまったが、改めて見て損はなかった。そして、その「あ

『タワーリング・インフェルノ』
アメリカでは1974年12月に公開。日本公開は1975年6月。165分
原題：The Towering Inferno
監督：ジョン・ギラーミン
脚本：スターリング・シリファント
出演：スティーブ・マックイーン、ポール・ニューマン、ウィリアム・ホールデンほか
配給：20世紀フォックス

りそう度」に驚いた。

手抜き工事が原因で大火災発生

サンフランシスコに建設された世界一高い超高層ビル「グラスタワー」の展望フロア（135階）で竣工記念パーティーが開かれている最中に、大規模火災が起こるという話である。この映画を象徴する名セリフとして、ここを選びたい。

映画の名セリフ 建築編
コストを削るなら
階数を削れ

「コストを削るなら階数を削れ！」

このセリフはポール・ニューマン演じる建築家のダグ・ロバーツが、ビルオーナーのジム・ダンカン（ウィリアム・ホールデン）に向かって言う言葉だ。

映画内で詳しい説明はないが、ビルオーナーは建設会社の経営者であるようだ。大手建設会社が自社の施工で世界一高いビルを建てたという設定。火災の原因は、コストダウンのために、設計仕様と異なる安い配線コードを使ったこと。竣工パーティーで、全館の照明を一斉に点灯したことにより、配線に負荷がかかり、漏電して発火する。手抜き工事のためか、スプリンクラーも作動しない。

実際、漏電によるビル火災は世界のあちこちで起こっており、その原因が「コストダウン」と「手抜き工事」というのもリアリティーがある。「コストを削るなら階数を削れ」という言葉は、日本でも構造計算書偽造事件のとき（2005年）にマンション所有者がマンションデベロッパーに対して思ったことだろう。いつの時代も、建築事故のほとんどは人災だ。

どの国にもある建築家と消防士の溝

レスキュー隊員のごとく活躍する建築家役のポール・ニューマンが、完全な「ヒーロー」として描かれていないのもリアリティーがある。この映画はいわゆるダブル主演で、もう1人の主役は消防隊長、マイケル・オハラハン役のスティーブ・マックイーンだ。

火災が発生し、初めて2人が顔を合わせたとき、消防隊長は建築家に向かって吐き捨てるように言う。

「設計屋め」
「設計屋は高さを競い合う」

消防隊の奮闘でなんとか火を消し止めるが、200人が亡くなる。ラストシーンの別れ際も、消防隊長は建築家に手厳しい。

「今にこんなビルで1万人の死者が出るぞ」

そして、この名セリフ。

「それまで俺は火と闘い、死体運びさ。安全なビルの建て方を聞かれるまで」

この映画の中でやや気になったのは、一人の建築家がビルの細部を知り過ぎていること。超高層ビルを建てるのは、ロケットを打ち上げるような共同作業。現実の超高層ビルの設計では、主任建築家が電気配線の仕様をスラスラ答えられるとは考えにくい。この辺りは、人物像を分かりやすくするためなのか、米国では「建築家＝全能のクリエイター」と捉える傾向があるのか……。

それともう一つ。クライマックスのネタばれになるので詳しくは書けないが、映画のラストシーンの消火方法も気になった、あの方法を用いても、おそらく今の超高層ビルの構造では火は消せない。なぜなら屋上にあれほど巨大な「あの設備」を置くことは今はない。当時からそうであったのに、絵的にそれを選んだのだろうか。

架空の超高層ビルがカッコいい！

そういう気になる点を差し引いても、十分、「リアルだ」といえる映画だった。超高層ビルの設計をする人には必ず見ることを義務付けてほしいくらいだ。超高層マンションに住もうという人も、一度見てみるとよいだろう。避難訓練の重要性が分かる。

舞台となる「グラス・タワー」の外観デザインのカッコよさにも驚いた。これは著名な建築家か、超高層を得意とする設計事務所がこのために設計したのではないか……。全体を貫くリアリティーは、このビルのデザインの本気度に負うところも大きいと思う。

ちなみに、韓国の映画『ザ・タワー 超高層ビル大火災』（2013年日本公開、262ページ）は、『タワーリング・インフェルノ』へのオマージュのようなパニック映画で、こちらも舞台となる超高層ビルのデザインがカッコいい。40年間のCG技術の進化を感じさせる。だが、映像のリアリティーという点では『タワーリング・インフェルノ』も全く負けてはいない。1970年代の特撮技術のすごさを改めて知るために、両方見比べてみるのも面白いだろう。

COLUMN

名建築ここにあり！　日本編

『ドライブ・マイ・カー』（2021年）

美しいごみ処理施設「中工場」短いセリフで深い設計意図に言及

村上春樹の短編小説を映画化した『ドライブ・マイ・カー』。妻を亡くした演出家の家福悠介（西島秀俊）が広島の演劇祭に招かれ、専属ドライバーの寡黙な女性、渡利みさきとの交流の中で過去を乗り越えていく。ロケ地の一つに「広島市環境局中工場」（2004年完成）が使われている。「美術館の名手」と呼ばれる谷口吉生が設計したごみ処理施設だ。みさきは家福を中工場に連れていき、見学路を案内する。そして、「原爆ドームと平和記念公園を結ぶ平和の軸線を遮らないように設計された」と説明する。単に「きれい」ではなく、都市計画上の意図を説明するのが素晴らしい。付け加えると、谷口吉生は平和記念公園を設計した丹下健三の弟子の一人だ。

22

映画

ダイ・ハード（1988年）

実在の超高層ビルで撮影、リアルさの鍵は機関銃

ロケ地は実在する超高層ビル。エレベーターシャフトや機械室、屋上など、〝裏側〟を逃げ回りながら犯人グループを倒していく。ウソ臭さを払拭する鍵が2つある。

クリスマスに見る最上のアクション映画ともいわれる『ダイ・ハード』（1988年公開）。〝クリスマスに銃撃戦〟〝共感型の中年ヒーロー〟といった従来の常識を打ち破ったこの映画。建築的な視点で見ても、従来のビル脱出モノとは一線を画す作品である。

2022年3月、俳優のブルース・ウィリスが失語症により一線を退くというニュースが、世界中の映画ファンに衝撃を与えた。ブルース・ウィリスは1955年、西ドイツの米軍基地で生まれ、すぐにアメリカへ移住。高校で演劇に目覚め、ニューヨークでオフ・

ブロードウェイの舞台を経験。バーテンダーなどの仕事をしながら俳優としてのキャリアアップを目指した。1985年にスタートしたテレビシリーズ『こちらブルームーン探偵社』でお調子者の探偵役に抜てきされて人気を得た後、1988年、この『ダイ・ハード』の主人公、ジョン・マクレーン役で大ブレイクする。

『ダイ・ハード』
アメリカ公開は1988年7月、日本公開は1989年2月。131分
監督：ジョン・マクティアナン
出演：ブルース・ウィリス、アラン・リックマン、ボニー・ベデリア、アレクサンダー・ゴドノフ
配給：20世紀フォックス

当初は別のスター役者にオファーがあった

有名な話だが、この映画の主演は当初、別の役者が想定されていた。既にトップスターであったアーノルド・シュワルツェネッガーやシルヴェスター・スタローンにオファーがあったが、彼らが断ったため、ブルースにこの役が回ってきた。結果的には、「私生活や職場で問題を抱える刑事」という人間臭い役柄がブルースにぴったりはまっていた。

序盤の薄汚れたタンクトップ姿はいかにも冴えない中年という感じだ。その冴えない中年が、やられてもやられてもあきらめずに、人質（妻を含む）の救出に挑む。「なんで俺がこんな目に……」「神さま、二度と高い所には登りません」などとぼやきながら。

もし主役がシュワルツェネッガーやスタローンだったら、非現実的なムキムキヒーローに見えて、共感が湧かなかっただろう。「ダイ・ハード（Die Hard）」は、日本語にすれば「なかなか死なない」。なんかゴキブリみたいだ。シュワルツェネッガーやスタローンだったら、「Never Die（決して死なない）」か「Immortal（不死身）」だったのではないか。

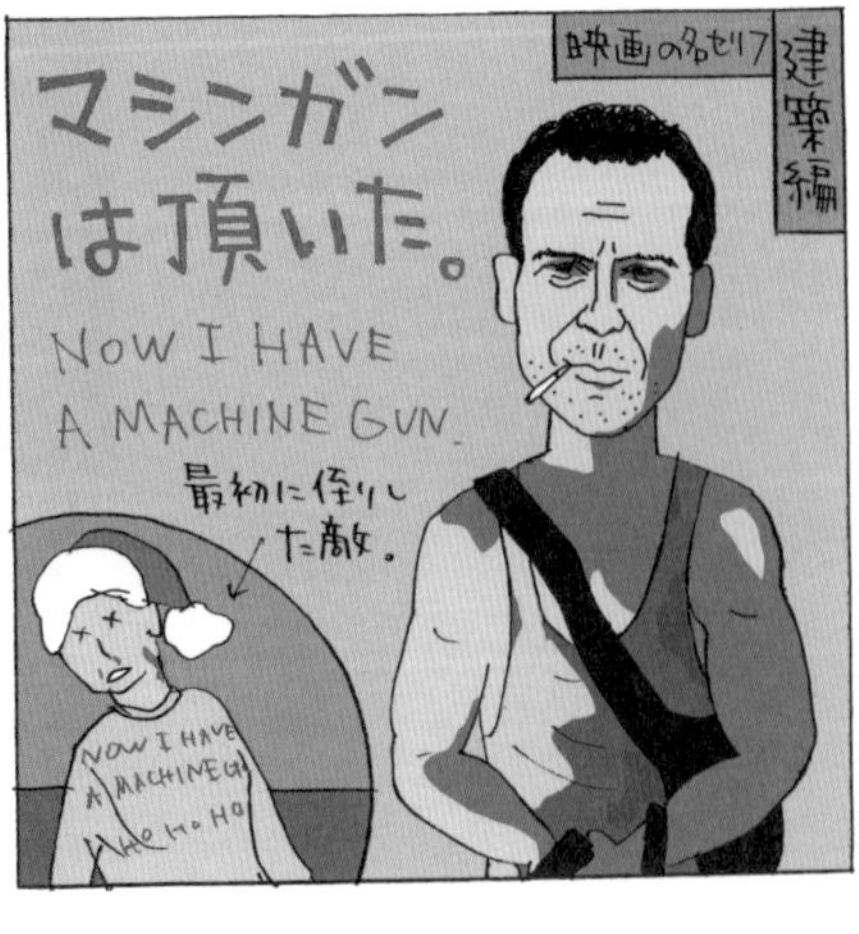
映画の名セリフ
建築編
マシンガンは頂いた。
NOW I HAVE A MACHINE GUN.
最初に倒した敵。

ロケ地は実在する「フォックス・プラザ」

物語の舞台はクリスマスイブのロサンゼルス。ナカトミ商事が建設している完成間近の超高層ビル「ナカトミ・プラザ」だ。

ニューヨーク市警のジョン・マクレーンは、ナカトミ商事に単身赴任で勤務している妻ホリーを訪ねて、このビルにやってきた。ナカトミ商事で業績を上げて出世するホリーと、現場の刑事であるジョンの関係は少しぎくしゃくしていた。この日は、ビルの高層階でクリスマスパーティーが行われる。

しばらくすると、ビルのエントランスに2人の男が現れ、受付に1人しかいない社員を射殺。後からトラックに乗った武装集団が現れ、彼らは瞬く間にビルを占拠してしまう。たまたま別室にいたジョンを除いて、全員が人質となる。

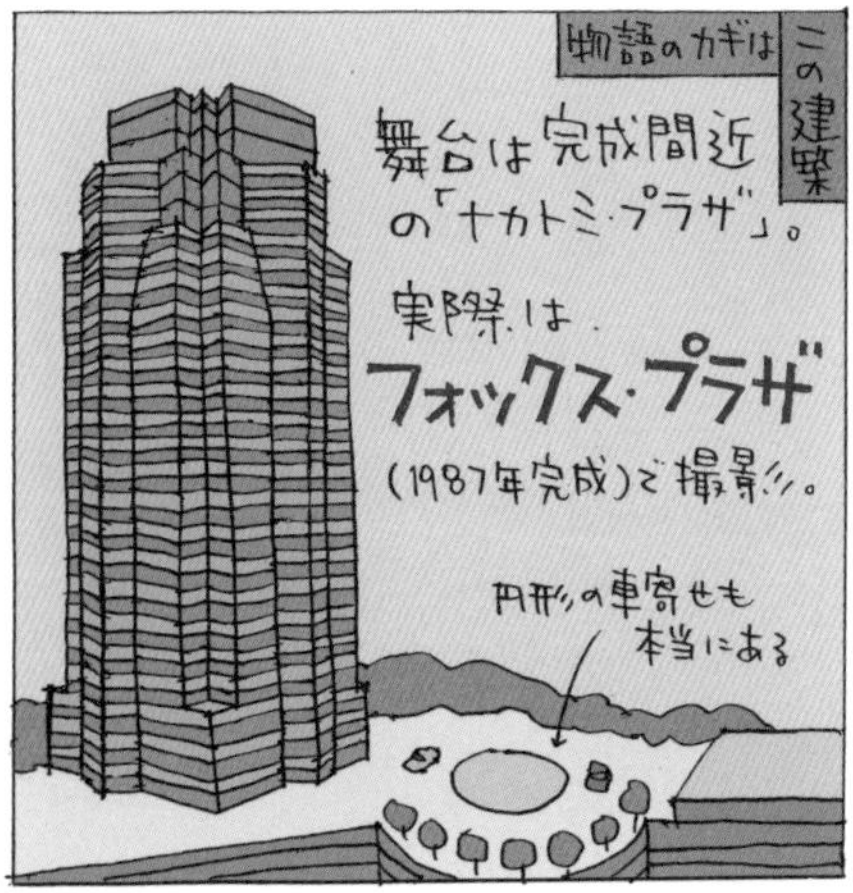

この建築
物語のカギは
舞台は完成間近の「ナカトミ・プラザ」。
実際は
フォックス・プラザ
(1987年完成)で撮影。
円形の車寄せも本当にある

犯人グループのリーダーはハンス。彼らはテロリストを装うが、本当の狙いは、ビルの金庫室に保管されている債券だった。ハンスを演じるアラン・リックマンは『ハリー・ポッター』シリーズでスネイプ教授だった人だ。クールな振る舞いが敵ながら見る人の心をつかむ。

ジョンはビル内の裏のスペースに巧みに身を隠しながら、犯行グループを1人、また1人と倒していく。しかし、ハンスは少なくなったメンバーで金庫室に到達。さて、どうなる……という話だ。

舞台となる「ナカトミ・プラザ」のシーンのほとんどは、撮影スタジオではなく、実在する「フォックス・プラザ」で撮影された。地上35階、1987年完成（映画公開の1年前）。映画好きならピンと来るだろう。映画を製作した「20世紀フォックス（現20世紀スタジオ）」の本社ビルだ。だから、機械室や屋上、地下駐車場などの裏側部分も、ウソっぽさがない。それだけに、救出劇にもファンタジーは許されない。

「完成間近」と「機関銃」で設定の違和感を解消

この映画は、2つの設定によって、あらゆる状況を「あり」にしてしまっている。それがうまい。

一つは「完成間近」の超高層ビルという設定。まだ完成していないので、警備が薄い。犯人グループが侵入しても、どこにも通報されず、彼らがシステムを遮断すると、外部から完全に情報隔離された状態となってしまう。そのほかにも、普通のビルなら「それはないでしょ」と突っ込みたくなる状況が「完成間近」ということで、「まあ、そうか」と思えてしまう。

もう一つは、「機関銃」。ジョンは序盤で犯行グループの1人目を倒し、彼が持っていた機関銃を手にいれる。これは、敵を倒すだけでなく、「扉を開ける」という重要な役割を果たす。例えばエレベーター。ジョンはしばしばエレベーターシャフトに出て、上下階を移動する。いちいち階段を使っていたら、映画にスピード感が出ないからだろう。シャフト内に入るとき、ジョンはエレベーターの出入り口の扉や天井の点検口を機関銃で撃ちまくる。銃身の長い機関銃は、ときにツルハシのような役目も果たす。もし素手だったら、「そんなに簡単に開くわけがない」と突っ込みたくなるはずだ。

ガラスを破るシーンも「よく分かってる！」

ネタばれになるが、ラストシーン近くの屋外からガラスを打ち破って屋内に入るシーンも、銃があってこその状況だ。超高層ビルで一般的に使われている倍強度ガラスは、人間がぶつかったくらいでは割れ落ちない。だから、ジョンがガラスにぶつかる直前にピストルを打つあのシーンは、「よく分かっているなあ」と感心した。

瞬時にああいった行動が取れるジョンは、刑事になる前に、建設現場で働いていたのかもし

れない。いかにも建設現場が似合いそうで、そういうスピンオフムービーをつくりたくなる……。などといったことは、シュワルツェネッガーやスタローンだったら思いもしなかっただろう。ブルース・ウィリスのいい映画はたくさんあるが、筆者はやはりこの『ダイ・ハード』を代表作に推したい。

COLUMN

名建築ここにあり！　現実をしのぐ空想建築

映画『メトロポリス』（1927年）

アンドロイドの美しさだけでなく超高層ビル群の映像も出色

「SF映画の原点にして頂点」とも言われる『メトロポリス』。フリッツ・ラング監督がヴァイマル共和政時代に製作。1927年に公開されたモノクロサイレント映画だ。「原点にして頂点」というのは大げさに思えるかもしれないが、確かに納得の内容。舞台は、超高層ビルが林立するメトロポリスと呼ばれる未来都市（設定は2026年）。有名なのはアンドロイドの美しさだが、建築面でいえば、未来都市の映像も出色。これがその後の多くのSF映画に影響を与えたことは明らか。公開された1927年は超高層ビルの黎明期。そんな時期に超高層を〝群〟として美しく見せる画面構成の見事さに加え、「夜景」が映えることにすでに気づいている点にも驚く。

23

映画

パラサイト 半地下の家族（2019年）

韓国の格差社会を象徴する「高い位置」の地下トイレ

数々の映画賞を受賞した『パラサイト』。この作品は住宅の「地下室」、特にその「トイレ」に着目して見ると、韓国の格差社会がより深く分かる映画である。

非英語圏の映画として初のアカデミー賞「作品賞」受賞。65年ぶりのアカデミー作品賞・カンヌ最高賞ダブル受賞――。そんなニュース報道で、ほとんどの人がタイトルとあらすじは知っているであろう韓国映画『パラサイト 半地下の家族』。この映画は「地下室」、特にその「トイレ」に着目して見ると、韓国の格差社会や日本との意識の差がより深く理解できる映画である。

物語は、「建築家が自邸として設計した豪邸」を中心に展開される。設計した建築家は登場しないものの、この家の特殊さなしには成立しない映画だ。

「パラサイト」は「寄生」の意味で、映画の原題は『寄生蟲(キセンチュン)』だ。半地下のアパートで暮らすギウ青年の家族（キム一家）が、ＩＴ企業の社長家族（パク一家）の暮らす高台の大豪邸に徐々に寄生していく過程と、その末路を描く。

この映画は2つの「地下室」が鍵を握っている。一つは、ギウが家族と暮らす、貧困の象徴としての下町の半地下アパート。もう一つが、高台の大豪邸にある〝隠し地下室〟だ。大豪邸は、有名な建築家が自邸として設計したもので、ＩＴ社長のパクに買い取られたが、パク一家には知らされていない地下室がある。所有者一家は部屋の存在を知らないだけでなく、そこで長い間、何者かが暮らしていることにも気づいていない、という設定である。

『パラサイト 半地下の家族』
韓国では2019年5月に公開、日本では2020年1月に公開。132分
原題：기생충（寄生蟲）
監督：ポン・ジュノ
脚本：ポン・ジュノ、ハン・ジンウォン
出演：ソン・ガンホ、チェ・ウシク、パク・ソダム、イ・ソンギュン、チョ・ヨジョン
配給：CJエンタテインメント

韓国では豪邸に〝隠し地下室〟は普通？

筆者は、映画を見ながらずっと、「地下に人が住んでいることに長い間気づかないことはあり得るのか？」と考え続けていた。内心では「そんなことあるわけないじゃん」と思っていたのである。映画自体はとても面白かったのだが、そのことがすっきりせず、見終わるとすぐにネットで調べた。

まず、韓国の豪邸にこのような隠し地下がよくあるのかについて。手掛かりになるのは、登場人物の中で唯一、地下室の存在を知っていた家政婦のこのセリフ。

物語のカギは
この建築
「建築家の自邸」だった
隠し地下のある家

「金持ちの家の地下には〝北〟が攻めてきたときに備えるシェルターや、借金取りが来たときに逃げ込む地下室がよくあるんです」

「北」は北朝鮮、「シェルター」は、北朝鮮の核攻撃に備えるシェルターという意味だろう。筆者は日本国内でさまざまな住宅を取材し、豪邸もけっこう見た。だが、「核シェルターのある家」は一度も目にしたことがない。だから、その知識もない。以下はあくまでネット情報を総合したものだが、こんな状況であるようだ。

韓国ではこれまで国を挙げて公的な核シェルターを整備してきた。国民1人当たりの核シェルター確保率は100%を軽く超える。裕福な人は、自宅に核シェルターを個人で備えるケースも珍しくはない。日本の普及率は0・01%以下で、比較する次元ではない（日本でも核シェルターを持つ家は増えてはいるらしい）。

「地下室の住人に気づかない」は本当か

「豪邸に一定期間生活が可能な地下室がある」という前提は、韓国では珍しくないようだ。そうだとして、そこに生活者がいてずっと気づかないということはあり得るのか。鍵になるのはトイレだと思う。風呂はなくても、水道があれば水ぶきで何とかなりそうだが、トイレはそうはいかない。いちいち地上に行っていたら家主にばれるし、地下室内で貯留式のトイレを使い続けたら環境が悪化する。

とはいえ、有事のシェルターなので、「水洗式にしてポンプで地上にくみ上げて排出」という方法は現実的ではない。調べてみると、核シェルターでは基本的に、ビニール袋の中に排泄し、それを薬剤で凝固させて保管する仕組みのようだ。映画の豪邸では家政婦が地下の住人の手助けをしていたので、凝固させた排泄物をその家政婦が定期的に屋外に出していたのだろう。豪邸といっても、シェルター内での長い暮らしは「快適」とは程遠そうだ。

　ということで、「豪邸の地下室に長い間気づかない住人がいる」という状況は、まんざら絵空事でないことが分かった。

なぜ地下室をつくって安く貸すのか

　映画の最中、ずっと疑問に思っていたことがもう一つあった。「韓国ではなぜ、わざわざ半地下の賃貸住居をつくって、低家賃で貸すのか」である。

　日本の感覚で考えると、地下を掘るのは建設費が高いので、よほどの理由がないと地下のある賃貸住宅はつくらない。地下室は容積率の対象から外れるという緩和ルールがあるため、高さ制限が厳しい敷地では地下をつくるケースもある。その場合も、1階とメゾネットにしてセットで貸すか、広いドライエリアをつくって専用庭があるような状態で貸すのが普通だ。少しでも高い家賃で貸そうと空間構成を考えるのだ。この映画のように、居

室の壁や窓が直接道路に面しているような劣悪な半地下賃貸はほとんど目にしない。

この点は、映画を見終わった後にネットで調べて、目からウロコだった。最初に知っておけば、もっと深く理解できたのに、と反省もした。なんと、これも理由は北朝鮮なのだ。

分かりやすいのは、『東京新聞』のこの記事。

「ロケ地となったソウル市マポ区アヒョンドン。（中略）多くの住宅の土台部分に横幅の広い小さな窓が設けられている。いまだ休戦状態にある朝鮮戦争の産物とされる半地下の窓だ。1970年代、朴正熙（パクチョンヒ）大統領の軍事政権が北朝鮮の急襲に備え、住宅新築時に防空壕（ごう）として地下室設置を義務化したのが始まり。80年代、首都一極集中が進んで住宅供給が逼迫（ひっぱく）し、格安の賃貸住宅として急増した」（東京新聞、2020年3月30日付けの記事から引用）

そうか、半地下は「防空壕の整備」という国策だったのか。事業計画上、お得だからという理由ではなく、事業者としては「つくりたくないけれどつくらなければならない」居室だったのだ。

不自然な便器の位置もコストダウンのため

このことを知って、もう一つ、引っかかっていたシーンの謎が解けた。それは映画のオープニング。Ｗｉ－Ｆｉの電波が入りにくくなったと半地下の家の中をうろうろするギウ

映画の名セリフ
建築編
ここだ、(WiFiが)入った!

と妹のギジョン。トイレの便器の近くで、ギウが「ここだ、(Ｗｉ－Ｆｉが)入った!」と叫ぶ。このとき、水洗の便器が人間の目線ほどの高い位置にあるのだ。

なぜ用を足しづらいこんな高い位置に便器が? 絵的に面白いからか?

冷静に考えると、これも「つくりたくないけれどつくらなければならない居室」ゆえなのだ。どういうことかというと、半地下なので、床の高さに水洗便器を設置すると、ポンプでくみ上げて下水に排水しなければならない。設備の設置費用やその後の電気代などを極力抑えるために、便器を高い位置に上げ、下水に直接排水できるようにしているのだろう。そのシーンを冒頭に持ってくることで、ポン・ジュノ監督は、豪邸との「格差」を強調したのだ。

まだ映画を見ていない人のために、物語のクライマックスにはできるだけ触れないように書いた。映画は文句なく面白いので(結末は好き嫌いが分かれそうだが……)、地下室のシーンではトイレのことを考えながら見てほしい。

COLUMN

名建築ここにあり！　現実をしのぐ空想建築

映画『スター・ウォーズ』（1977年）

「デス・スター」は建築家の夢 惑星に見えて巨大な球体ビル

『スター・ウォーズ』シリーズには、さまざまな都市が登場するが、建築好きが特に惹かれるのは「デス・スター」ではないか。敵軍である銀河帝国の球形軍事ステーションで、直径は約120キロ。惑星を破壊できるレーザー砲を有しており、その発射部分がすり鉢状にへこんでいるので、クレーターを持つ惑星にも見える。惑星に似ているが、これは巨大なビルだ。なぜなら、それが破壊されたシーンを見ると、内部が層状になっているからだ。戦闘上それが有利なのかは分からないが、とにかく上下に床を区切った「建築」なのである。18世紀の建築家、ルドゥーなど、球体建築は建築家の永遠の憧れ。監督のジョージ・ルーカスはそれを知っていたのだろうか。

24

ドラマ

隣の家族は青く見える（2018年）

ゲイの設計者はなぜ入居？「集まって暮らす」意味を問う

舞台は「コーポラティブハウス」。話し合いながらつくる分譲型の集合住宅だ。「妊活」や「LGBTQ」が主題のドラマだが、「集まって住むこと」の意味も考えさせる。

「妊活」や「LGBTQ」を真摯に取り上げた連続ドラマとして話題になった『隣の家族は青く見える』。2つの強いテーマに隠れる形にはなったが、このドラマは「集合住宅の本質」＝「集まって暮らすことの意味」についても、いつの間にか深く考えさせるドラマである。

2018年にフジテレビ系「木曜劇場」（午後10時）枠で放送された全10回の連続ドラマだ。知らなかったが、このドラマは厚生労働省とのタイアップドラマであったという。とはいえ、午後10時台のフジテレビのドラマなので、教科書的な説教臭さはない。全編を通して明るく前向きで、それでいて、冒頭で書いたように「いつの間にか深く考えさせる」ところがよくできている。

主役は、深田恭子と松山ケンイチが演じる若夫婦。舞台は、全4戸から成る「上用賀コーポラティブハウス」だ。第1話の序盤、物語のキーメンバーとなる4世帯が顔をそろえるのは、コーポラティブハウスの設計段階での「総会」だ。

住宅模型を囲む4組。1組目は子どもが大好きな主役の2人、五十嵐奈々（深田恭子）と五十嵐大器（松山ケンイチ）。2組目は、結婚を間近に控えた川村亮司（平山浩行）と杉崎ちひろ（高橋メアリージュン）。3組目は、2人の娘を持つ元・商社マンの小宮山真一郎（野間口徹）と小宮山深雪（真飛聖）。4組目は、このコーポラ

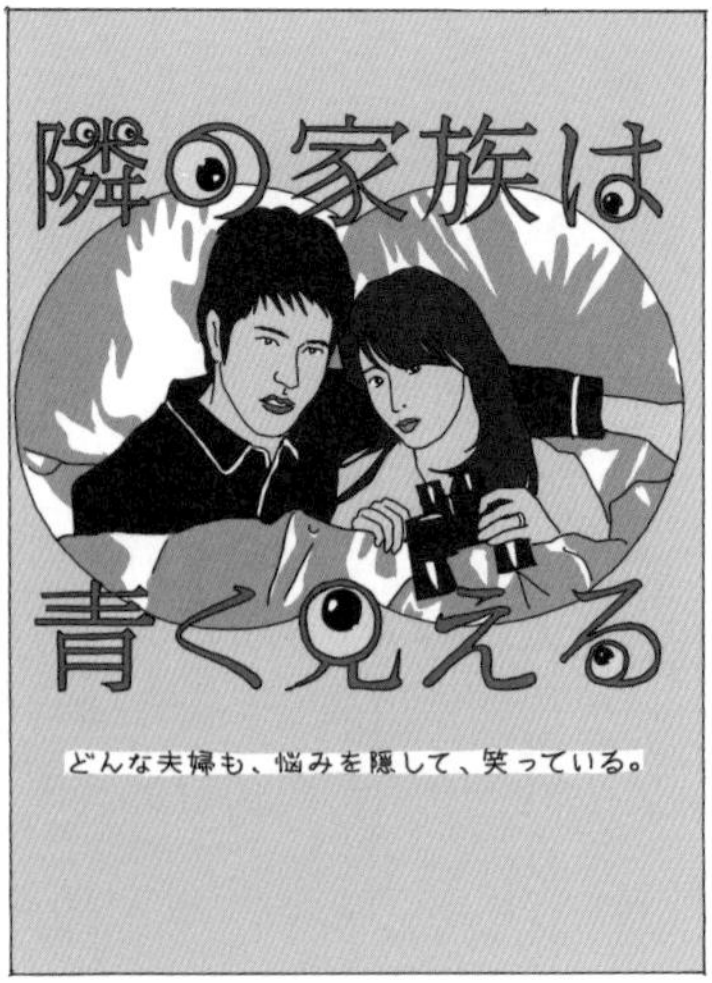
隣の家族は
青く見える
どんな夫婦も、悩みを隠して、笑っている。

『隣の家族は青く見える』
2018年1月18日から3月22日までフジテレビ系「木曜劇場」（夜10時～）で放送。全10回
脚本：中谷まゆみ
プロデューサー：中野利幸
出演：深田恭子、松山ケンイチ、眞島秀和、北村匠海、平山浩行、高橋メアリージュン、野間口徹、真飛聖
制作：フジテレビ

ティブハウスの設計を担当している建築家の広瀬渉（眞島秀和）だ。広瀬は、カミングアウトしていないが、ゲイという設定だ。

子持ちママがトラブルの火種

4戸で共有する中庭をどんなデザインにするか、という議論の場で、早くもそれぞれの〝家族観の違い〟が明白になる。議論を進行するのは、建築家の広瀬だ。

「真ん中の共有スペースは、外部から遮断されたつくりになっていて、各戸からは自由に行き来することができます」。広瀬はそう言って、過去には共有スペースにプールや屋根付きのベンチをつくった例があることを紹介する。すると、2人の子持ちの小宮山深雪がグイグイと持論を展開。

「うちは小さい子が2人いるので、子どもたちが安全に遊べる場所があるといいわ。バーベーキューができたら理想なんですけど。皆さんも、いずれお子さん、つくられるでしょうし。子どもは絶対につくった方がいいわよ」

他人の状況を全く考えない深雪の発言に、子どもをつくらないという条件で結婚を決めた亮司とちひろは、居づらそうに帰ってしまう。

それから1年ほどたって、上用賀コーポラティブハウス（愛称：PUZZEAL）は完成し、実際の生活が始まる。完成までの間に、建築家の広瀬は若い恋人の青木朔（北村匠海）と出会い、朔のことを「甥」と偽って同居する。奈々は不妊治療を始める。

子持ちの深雪は、4世帯の親睦のために中庭でバーベキューパーティーをしようと言い出す。パーティーの場で、深雪の無神経な発言にちひろの怒りがついに爆発。パーティーは険悪な雰囲気でお開きになる。そして、広瀬は朔が恋人であることが周囲にばれそうになり、奈々は不妊治療を始めたことで大器との関係がぎくしゃくし始め、この先一体どうなる……という話である。

コーポラティブハウスの長所と短所

ここまで読んで、「そもそもコーポラティブハウスって何？」という人もいることだろう。ざっくり言うと、「みんなで土地を買って、話し合いながらつくる所有型の集合住宅」

である。

一般的にはこんなメリット・デメリットがあるといわれる。

〈メリット〉

①費用を抑えて家を手に入れることができる（巨額な販促費が上乗せされない）

②建物の自由設計ができる

③同じ建物の住人とコミュニティーをつくりやすい

〈デメリット〉

①入居できるまでに時間と手間がかかる

②個性の強い住戸は将来売却しにくいことがある

③コミュニティーや人間関係がストレスになる人もいる

メリット・デメリットの①～③は、それぞれ表・裏の関係だ。このドラマは、③の「コミュニティー」の表・裏を強調してドラマ化しているわけだ。なぜコーポラティブハウスでコミュニティーが濃くなるかというと、一つには着工までの話し合いの中で、互いのプロフィルがある程度分かってしまうから。そして、合意を得ながら設計を進めるので、一般的な分譲マンションよりも交流型の住戸デザインにしやすいからだ。

ドラマの舞台となる上用賀コーポラティブハウスは、「そこまでしなくても」と思うくらい、世帯間交流を促す設計となっている。まず、各戸に入るのに中庭を通らないと入れない。そして、各戸の窓から中庭の様子がよく見える。これは、人間関係が良ければ最高に楽しそうだが、険悪になったら大変だ。

脚本家はゲイの友人との同居経験あり

この物語、考えてみると舞台がコーポラティブハウスである必然性はない。分譲マンションであっても賃貸マンションであっても物語は成立したと思う。それをコーポラティブハウスにしたのは、制作側が前述のようなメリット・デメリットを耳にしていたからだろう。

このドラマは、脚本家の中谷まゆみ（1968年生まれ）によるオリジナル脚本だ。中谷のインタビュー記事（「妊活、LGBTに真摯に向き合った『隣の家族は青く見える』最終回秘話を脚本家・中谷まゆみが明かす」）に、こんなエピソードが載っていた。

「大学時代に知り合ったゲイの友達と、卒業後、一緒に暮らしていました。今で言うシェアハウスです。彼のおかげで、ゲイの友達がたく

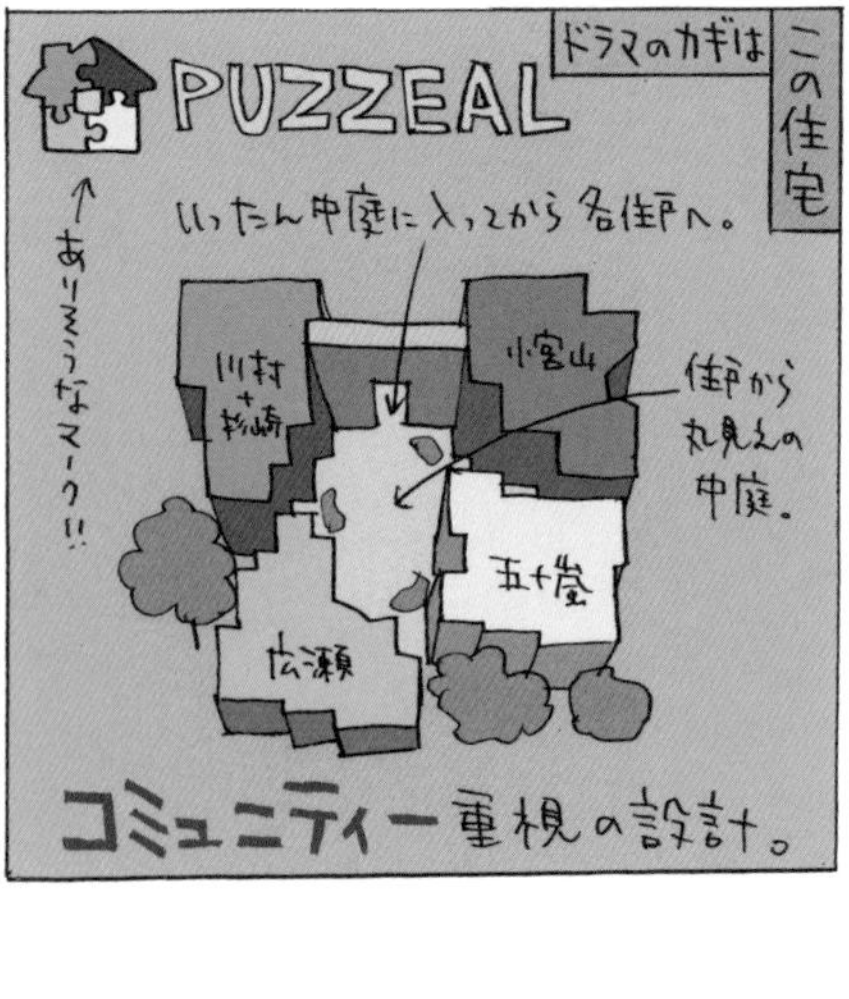

さんできました。男の服を着て、男言葉を話すので、カミングアウトしない限り、ゲイとはわかりませんが、好きになる相手は同性で、片思いに悩んだり、カップルとして付き合ったりしていました。彼らは当たり前に存在していたのに、世間ではほとんどその存在を知られていなかった。ゲイと言うと、女装していたり、女言葉でちょっと面白いことを言う人のことだけを指すものだと多くの人が思っていた」

「昔から日常にしか興味がないんです。小さい頃から映画やドラマが好きでしたが、事件モノや非日常を扱ったモノには興味がなく、家族モノや恋愛モノにしか興味がなかった」

なるほど、そういう体験がベースにあるのか。「多様化」「ダイバーシティ」と大上段から語られがちなものを、窓越しの中庭に見る日常を通して浮き上がらせる——。そんな脚本であり、そのために最もふさわしい場がコーポラティブハウスだったのであろう。

最初の2話〜3話を見ると、コーポラティブハウスに住みたい人が減るのではないかと心配になるが、全10話を見終わると「コーポラティブハウスっていいかも」と思うので安心してほしい。

「なぜ集まって暮らすのか」の本質

建築的な観点で「そうか」と強く思ったのは、建築家の広瀬と恋人の朔のこんなやりとりだ（第4話）。自分たちがゲイカップルであることが隣人たちにばれそうになり、イラ立つ広瀬に朔が言う。

朔「じゃあ、なんでこんな家に暮らしているの？　誰にも知られたくないなら、山にこもってひっそり暮らせばいいじゃん。なんでわざわざ近所付き合いしなくちゃいけない家を買ったんだよ」

広瀬「そんなことをしたら、本当に自分だけの世界に閉じこもってしまうような気がしてさ。世間にばれたくないからこそ、世間とつながっていたいと思った。矛盾しているけれど、それがオレなりのバランスの取り方だったんだよ」

広瀬の答えは、「なぜ今、コーポラティブハウスなのか」を超えて、「なぜ今、集まって暮らすのか」の本質を示唆する深いセリフだ。こんな答えはたぶん大学の建築学科では教えてくれない。脚本家ってすごいなあ、と改めて思ったのであった。

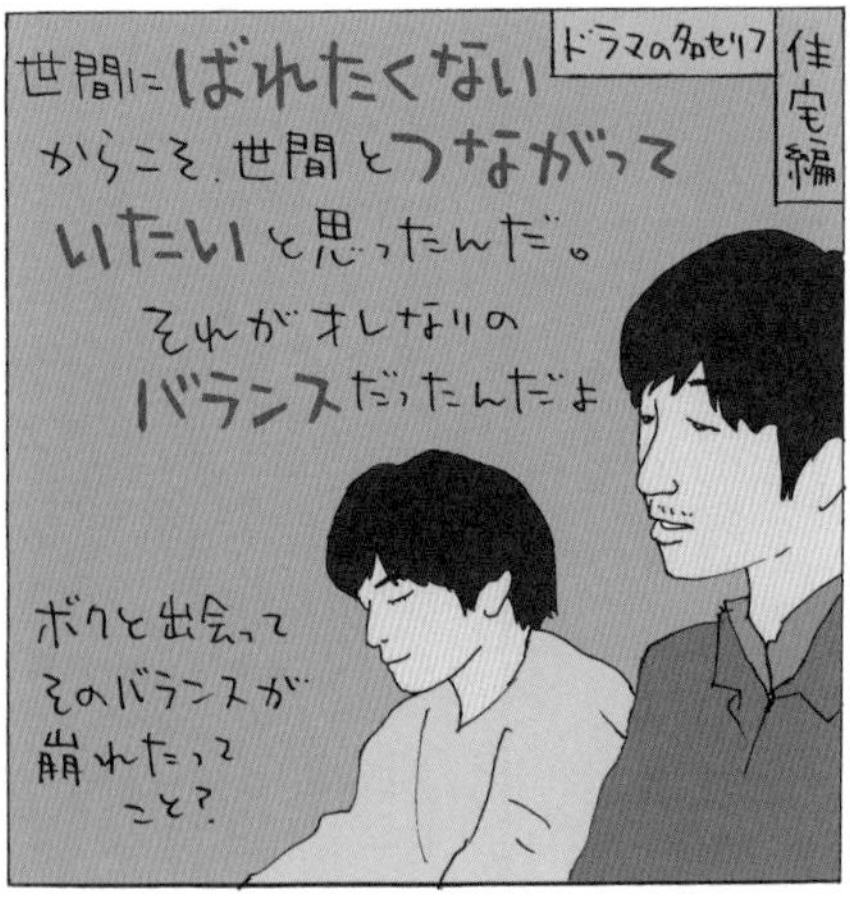

ドラマの名セリフ
住宅編
世間にばれたくないからこそ、世間とつながっていたいと思ったんだ。
それがオレなりのバランスだったんだよ
ボクと出会ってそのバランスが崩れたってこと？

25

ネット配信ドラマ

ラグジュアリー・シドニー～超高級住宅ドキュメンタリー～（2021年）

「様式」重視の住まい観は日本の『家売るオンナ』と対極

シドニーで高級住宅を売買する3人の男女を追う。10億円、20億円の家があっさり売れていくさまを見ると、日本のあのドラマと比較せずにはいられない。

「ネット配信限定」のコンテンツである。素人の日常を追いかけるリアリティ・ショーと呼ばれるものだ。〝素人〟といっても、「芸能人ではない」という意味であって、主役の3人はいずれも〝不動産のプロ〟。それも、オーストラリアでトップクラスの住宅売買実績を誇るプロ中のプロたちだ。

『ラグジュアリー・シドニー～超高級住宅ドキュメンタリー～』は、Ａｍａｚｏｎが展開している動画配信サービス「Prime Video」で2021年6月から配信されている動画コンテンツ。1話50分ほどで、第1シーズンは全6話。

ドラマは不動産売買をめぐる人間模様を描くものだが、各回とも50分のうちの半分くらいが、売買対象となる「高級住宅」の中で展開される。物件の説明シーンも多く、建築濃度はかなり高い。

主役は強烈キャラの男女3人

3人の主役は、女性のドレーン、男性のサイモンとギャビン。それぞれが不動産エージェント（代理人）の会社を経営している。3人は売り上げ金額を競い合うライバル関係であり、ときには売り手と買い手として手を結ぶこともある。

第1シーズンの6話を一気見した。なるほど、中毒性があって、途中でやめられなくなる。主役の3人のクセがとにかく強いのだ。制作側でキャ

『ラグジュアリー・シドニー〜超高級住宅ドキュメンタリー〜』
Amazonが展開している動画配信サービス「Prime Video」のオリジナルドラマ。第1シーズンは全6話。日本での配信は2021年6月から。
出演：ギャビン・ルビンステイン、サイモン・コーエン、ドレーン・ルイス

ラクター設定したのではないかと思うくらい違うベクトルを向いている。第1話の中から、それぞれの姿勢を特徴づけるセリフを拾うとこんな感じだ。

まず、業界トップの座を10年以上守り続ける、負けず嫌いのドレーン。

「業界に入ったときに言われたわ。若い女性には無理だと。冗談じゃない」

「私と働く人は、みんな燃え尽きてしまうの……」

続いて、ひょうひょうとした性格ながら、自分に絶対的な自信を持つサイモン。

「私に任せてくれれば、何の心配もいりません。私は一流のエージェントですから」

3人の中で最も若く、個人の能力よりもチームでトップを目指すギャビン。

「過去の遺産は乗り越える。仲間が勝利する姿を見たい」

「捨て身で挑んでやる！」

およそ庶民の日常では聞かないような闘志むき出しの発言の連続に、まんまと見続けてしまうのだ。

20億円の家があっさり売れる

中毒的になる人間模様の面白さは番組を見ていただくとして、この連載の主眼である「建築」がらみでいうと、大きく2つの発見があった。

一つは、「シドニーでは高級住宅を売るのに〝買い手の人生〟は背負わない」ということ。Amazonの紹介文にはこう書かれている。

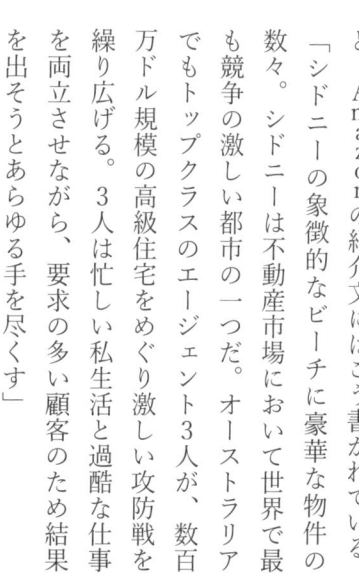

「シドニーの象徴的なビーチに豪華な物件の数々。シドニーは不動産市場において世界で最も競争の激しい都市の一つだ。オーストラリアでもトップクラスのエージェント3人が、数百万ドル規模の高級住宅をめぐり激しい攻防戦を繰り広げる。3人は忙しい私生活と過酷な仕事を両立させながら、要求の多い顧客のため結果を出そうとあらゆる手を尽くす」

この紹介文、9割はその通りだが、1割は実際と違うと感じた。それは最後の一文、「要求

の多い顧客のため結果を出そうとあらゆる手を尽くす」という部分だ。

筆者が番組を見た印象では、3人は買い手候補を住宅に連れていって案内するだけだ。それで500万ドル、1000万ドル、1500万ドルという高級住宅があっさりと売れる。ざっくり日本円でいうと、7億円、14億円、21億円だ（1ドル＝140円換算）。ひえっ。

3人とも買い手候補を案内しながらぺらぺらと実によくしゃべる。だが、話している内容は、見れば分かるような建物の特徴ばかりで、びっくりするような着眼点や使い方の提案はない。カメラが入らない部分ではすごい交渉があるのかもしれないが、少なくとも番組内では「あらゆる手を尽くす」さまは描かれない。

『家売るオンナ』は人生を背負っていた

これを見ながら頭に浮かんだのは、日本のテレビドラマ『家売るオンナ』だ（日本テレビの2016年7月期水曜ドラマ）。

こちらはフィクションではあるものの、主人公の「あらゆる手を尽くすさま」が見どころだった。北川景子演じる不動産営業ウーマン、三軒家万智（さんげんやまち）は、クールな性格とは裏腹に、買い手の人生を深く掘り起こし、その人だけに価値を持つ物件を探し出す。

一方の『ラグジュアリー・シドニー』は淡々と建物の特徴を説明するだけで売れる。それはなぜか。

見始めるとすぐに分かるが、登場する買い手たちはそこに「一生住むつもり」などさらさらないのだ。虚栄と投資のために、通過点として家を買う。そして売る。エージェントにとっては、いかに多くの富裕層を顧客リストに並べているかと、市場に出回る前の物件情報をいかに早く彼らに伝えるかが勝負なのだ。家を売るたびに買い手の人生を背負ってしまう三軒家万智にはたぶん、こんなペースでは売れない。

シドニーでは戸建て住宅も投資対象物件

「建築」的発見の2つ目は、「シドニーではモダニズムデザインの住宅が〝様式化〟しつつある」ということ。やや説明が回り道になるが、こういうことだ。

まず前提として、シドニーでは高級住宅の売買の中心が「戸建て」であるという違い。日本の三軒家万智が売っていたのも主に戸建てだったが、それは中小規模で、どこか難ありの低額物件だった。

これは日本の現実とも合っている。日本では高級住宅として頻繁に売買されるのは主に集合住宅だ。「億ション」という言葉はその象徴だろう。なぜなら集合住宅は、誰にでも住める平均的なつくりになっているので価値が減じにくく、売買しやすい。

中古の戸建て住宅が高く売れたとしたら、それは建物の価値ではなく、土地の価値がすごく上がったということだ。日本では、戸建て住宅の建物そのものに大した価値はない。『ラグジュアリー・シドニー』では、建物代・土地代という区分けはされないものの、やりとりを見ていると建物にも大きな価値を見ているようだ。最初はなぜ建物の価値が低下しないのだろうと思いながら見ていたのだが、3話目くらいで「これか！」と気づいた。

熟年や初老の富裕層にプールは必要？

売買される高級戸建て住宅はどれも斜面地に立っていて、地上3～5階建てだ。どのフロアも海に面して大きなガラス窓を設け、複数の屋外テラスがある。間取りは、テラスのある階にオープンキッチンがあり、他の階には「ベッドルーム5、バスルーム4」といった小部屋をたくさん設けている。そんな大家族なわけがないので、パーティー対応なのだろう。

3話目くらいで何に気づいたかというと、登場する住宅に必ず「屋外プール」があるということ。

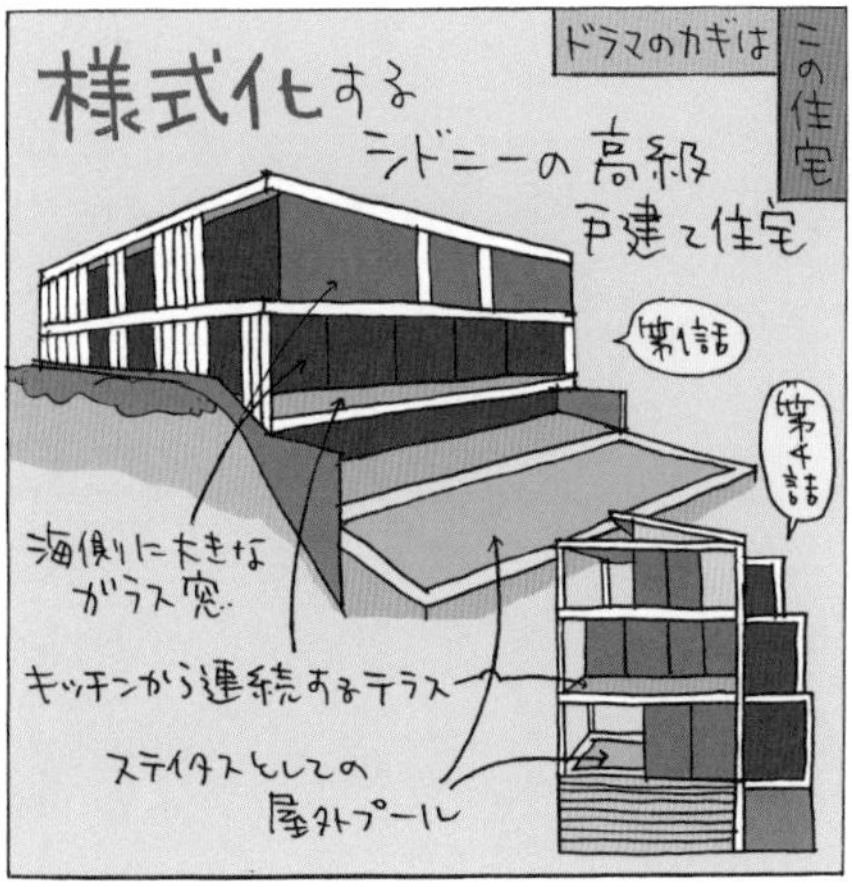

買い手は富裕層なので、若くて50代。80代に見える人もいる。そんな人たちがプールで毎日泳ぎたいのか？　実際、シーズン1ではプールで泳ぐシーンは一度もなかった。そうか、これは「高級」というステイタスを示すための「様式」なのか。

プール以外も、建築的なつくりはどれもほぼ同じ。「そこでしかできない造形」とか、「立地のマイナスをプラスに変える工夫」とかはほぼない（番組を見る限り）。筆者はかつて建築雑誌で編集長をやっていたが、「自分の雑誌に載せたい」と思う住宅は、6話の中に一つもなかった。

デザインがカッコ悪いかというとそんなことはなくて、それぞれが水平垂直を強調したしゃれたモダンデザインではある。しかし、それは「必要な機能を形にする」という本来のモダニズムではなく、物件データに示しやすい要素をそつなく並べた「モダニズム風」という様式なのだ。

歴史を振り返ると、様式建築は王侯貴族などの富裕層が進化させてきたわけなので、今、シドニーの高級住宅のデザインが富裕層によって再び様式化されつつあるというのはけっこう深い視点かもしれない。こういう物件を三軒家万智だったら依頼主にどんな提案付きで仲介するのか、スペシャル版とかで見てみたい気がする。

追記：Ａｍａｚｏｎの「Prime Video」では２０２３年1月現在、『ラグジュアリー・シドニー』の「シーズン2」「シーズン3」が配信されている。

COLUMN

名建築ここにあり！　現実をしのぐ空想建築

映画『ロード・オブ・ザ・リング』（2001年）

見る者をほっこりさせる ホビットたちの筒状住宅

この建築
物語のカギは
窓もドアも天井も丸。
ホビットの家

小説『指輪物語』を実写化した映画『ロード・オブ・ザ・リング』。建築好きは、シリーズ第1作の序盤に登場する「ホビットたちの家」に引き込まれるだろう。ホビットは身長60～120センチの小柄な種族。丘の中腹にトンネルを掘り、それを住居にしている。いかにもファンタジーにありそうな設定だが、建築的に面白いのは入り口のドアや窓、室内扉がすべて円形であること。それによってアーチが多方向に連なるような複雑な空間が生まれている。前に「球体は建築家の憧れ」と書いたが、筒状空間に魅せられた建築家も多い。日本では石山修武や遠藤秀平など。球体は自己完結していて硬さを感じさせるのに対し、筒状空間はなぜか人をほっこりさせる。

26

映画

風速40米（1958年）

裕次郎が〝未来のコルビュジエ〟、現場ネタは東京タワーの影響？

キラキラに輝く若き日の石原裕次郎が〝建築家の卵〟を演じる。父が現場所長を務める建設現場で不正を暴いていく。1950年代の建設現場の緩さにも驚く。

作家で元・東京都知事の石原慎太郎が2022年2月に亡くなった。享年89歳。このニュースの中で、20代前半の石原慎太郎と弟の石原裕次郎（1934〜1987年、享年52歳）が並ぶ写真を見て、裕次郎のあまりのキラキラぶりにこの映画を思い出し、見てみたくなった。1958年に公開された『風速40米（メートル）』だ。

主演の裕次郎が建築を学ぶ大学生を演じている。建築家ではなく、建築家の卵の役だ。石原慎太郎原作の映画『太陽の季節』（1956年）でデビューした2年後の作品。恋人

（義理の妹）役は、後に妻となる北原三枝である。

原作は慎太郎ではなく、松浦健郎が雑誌『平凡』に連載したもの。そういう映画があることは知っていたが、今回初めて見た。見たことのない人がほとんどだと思うので、まずはあらすじをざっと紹介する。

現場所長の父を尊敬する建築学生

裕次郎が演じるのは北海道大学建築科に在籍する滝颯夫。正義感が強くて、けんかがめっぽう強く、同性にも異性にも「さっちゃん」と慕われている。

『風速40米』
公開は1958年8月。97分
原作：松浦健郎（雑誌『平凡』連載）
監督：蔵原惟繕
脚本：松浦健郎
音楽：佐藤勝
出演：石原裕次郎、北原三枝、宇野重吉、川地民夫、渡辺美佐子、金子信雄
配給：日活

父（宇野重吉）は中堅建設会社、羽根田工務店の社員で、定年を間近に控えた技師長。「技師長」というのは聞き慣れない言葉だが、どうやら現場所長ということのようだ。颯夫は父を尊敬しており、羽根田工務店への就職を希望している。だが、なぜか父は大会社である和泉建設を強く薦める。

颯夫「オレはどうしても大会社ってやつは苦手なんだよ。お父さんの会社はだめかな」
父「お父さんの言う通り、和泉建設を受けなさい」

夏休みに和泉建設の就職試験のために帰京した颯夫は、誰もいないと思った実家で見知らぬ若い女性と出くわす。父は最近再婚しており、その相手の連れ子、今日子（北原三枝）だった。今日子はかつて、暴漢にからまれたところを颯夫に助けられたことがあり、颯夫に恋心を募らす。

だまされた父が工事を遅らせていた

父が現場を仕切る「新東都ビル」で、職員の墜落死事故が起こる。現場の仮設足場の一部が脱落し、足を踏み外して落下したのだ。それ以降、ビルの建設工事はずるずると遅れる。羽根田工務店にとっては目玉のビッグプロジェクト。完成に間に合わず、信用を失って倒産するのでは、と社内では危惧されている。その一方で、何者かにより羽根田工務店の株の買い占めが進む。

実は、父は重役の椅子と引きかえに、新東都ビルの工事を遅らせ、会社乗っ取りに協力することを和泉建設の社長と約束していたのだ。職員の落下事故は、父が直接指示したものではないが、工事を遅らせるように部下の1人に言ったことが原因だった。

颯夫は、父が和泉建設の社長にだまされていることを暴く。父もそれを知り、せめてこの現場を工期に間に合わせようと突貫工事を始める。颯夫もそれを手伝う。工事の終盤、風速40メートルを超える台風が襲来。そんななかでも突貫工事を続ける颯夫たちを、現場の妨害を指示された暴徒集団が襲う。颯夫ら現場のスタッフは暴徒たちをばたばたと倒し、ビルを守り切る。

新東都ビルは工期通りに完成。落下事件の真相も明るみに出て、和泉建設社長は逮捕される。父は背任行為の責任を取って、羽根田工務店に辞表を出すが、颯夫は羽根田工務店への就職が決まる。……そんなシンプルな話だ。

当時は知られていなかったコルビュジエ

『風速40米』というタイトルから、台風に襲われた建設現場を描く『五重塔』（幸田露伴が1892年に書いた小説）のような話かと思っていたのだが、全く違っていた。台風はクライマックスの大立ち回りを盛り上げるための演出で、特にビルの建設とは関係ない。そこは肩透かしな感じなのだが、それでもこの映画の〝建築的ポイント〟は大きく2つある。一つは物語の序盤で、今日子が颯夫のことを、近代建築の巨匠、ル・コルビュジエ（1887〜1965年）に例えること。

この映画が公開されたのは、1958年（昭和33年）である。コルビュジエの設計である東京・上野の「国立西洋美術館」が完成するのは、翌年の1959年だ。映画公開時に、一般の人はコルビュジエなんて誰も知らなかったと思われる。

映画の名セリフ
建築編
さっちゃんが
未来のコルビュジエ
なんて驚いちゃったわ。
北海道大学
建築科4年

それでも人気絶頂だった裕次郎の映画で、北原三枝が「未来のコルビュジエ」と口にすれば、インターネットがない時代であっても「コルビュジエって何？」と疑問に思い、いろいろ調べて建築に興味を持った人もいたに違いない。

現場の安全管理の緩さにあ然

そして、もう一つのポイントは、北大で建築を学んだエリート学生が羽根田工務店へ就職して、建設業界を改革していくという未来を示して終わることだ。

この映画を見ると、建設現場の安全管理の緩さにあ然とする。

実態はどうだったのかは分からないが、足場が現在のような金属パイプではなく、丸太を針金で止めたものであったり、そんな現場にノーヘル（ヘルメットをかぶっていない状態）の颯夫が入っていったり……。一番「あぶなっ！」と思ったシーンは、現場の最上階付近で颯夫の父が煙草を吸うシーン。安全を司る現場所長でありながら……。今なら、即営業停止だろう。

全編を通して終始キラキラと輝いている石原裕次郎が、設計事務所ではなく建設会社に入社し、そんな緩すぎる安全意識や企業モラルを改革していくとなれば、当時、それに影響された人もいただろう。

映画の公開年は東京タワー完成の年

ちなみに、映画が公開された1958年は東京タワーが完成した年でもある。

あくまで想像だが、舞台となる羽根田工務店は、東京タワーの工事を担当した竹中工務店がモデルなのではないか。

竹中工務店が現在、建設会社の中でもトップクラスの設計力や技術力を持っているのは、この映画の影響も少なからずあるのではないか、と思ったりするのである。

映画のカギは
この建築
突貫工事で工期通りに完成した「新東都ビル」。
(意外に地味…)
映画が公開された1958年は
「東京タワー」が完成した年。
現場の話はその影響を受けているのでは？

PART 5

とにかく建築が好き！

本書のような企画が成立するのは〝建築好き〟が世の中に増えてきたおかげだ。いや、もともといたけれど、顕在化してきたのかもしれない。この章で取り上げるのは、「建築が好き！」というつくり手の気持ちが溢れ出ている作品たち。本書をここまで読んでこられた人は、きっとその世界に違和感なく没入できるに違いない。

27

ドラマ

名建築で昼食を（2020年）

「食べて語る」喜びを伝える新しい形の建築案内

建築が好きだ、好きで何が悪い、ということをこれほどストレートに伝えるテレビドラマがかつてあっただろうか。ガチの建築リポート番組よりも〝好き度〟が熱い。

『名建築で昼食を』は2020年8月16日から10月18日まで、BSテレビ東京およびテレビ大阪の「真夜中ドラマ」枠で放送されたテレビドラマである。建築巡りが趣味の植草千明（田口トモロヲ）と、おしゃれなカフェ開業を夢見る春野藤（ふじ）（池田エライザ）が毎回1つの建築を見て回り、並行して物語がゆっくりと進んでいく。

放送は全10回。そのラインアップは、アンスティチュ・フランセ東京、自由学園明日館、東京都庭園美術館、ビヤホールライオン銀座七丁目店、目黒区総合庁舎、国際文化会館、山の上ホテル、旧白洲邸 武相荘、国際子ども図書館、江戸東京たてもの園（前川國男邸など）と、まるでNHK教育テレビのような正攻法の名建築が並ぶ。

SNSで女性と勘違いした出会い

植草千明（以下、千明）と春野藤（ふじ）（以下、藤）の出会いは、SNS上の勘違いから生まれる。藤は広告代理店に勤務しながら、友人の女性とカフェの開業を目指している。植草が「千明」の名でSNSに投稿していた「#乙女建築」の写真の世界に惹かれ、「弟子にしてください」とメッセージを送る。千明を女性と思っていたのだ。

『名建築で昼食を』
BSテレビ東京およびテレビ大阪の「真夜中ドラマ」枠で2020年8月16日から10月18日まで、全10回放送。30分
原案・監修：甲斐みのり
脚本：横幕智裕
監督：吉見拓真
出演：田口トモロヲ、池田エライザ
制作：テレビ大阪、松竹撮影所

すると、千明から「乙女建築でランチはいかが」と返信が来る。藤が待ち合わせ場所の「アンスティチュ・フランセ東京」（旧東京日仏学院、設計：坂倉準三、1951年完成）に出向いてみると、現れた千明が中年男性であることにびっくり、というのがドラマの導入だ。「これからこの2人、どうなっていくの？」と期待感が高まる。

原案は書籍『東京のおいしい名建築さんぽ』

このドラマは、文筆家・甲斐みのりの著書『歩いて、食べる東京のおいしい名建築さんぽ』（2018年、エクスナレッジ刊）を原案として、テレビ大阪と松竹撮影所が共同制作したものだ。元の本は写真と文のガイドブックで、千明も藤も登場しない。

筆者は、この『東京のおいしい名建築さんぽ』が発刊された後、すぐに読んだ。というのは、もともと筆者も、建築の魅力を伝えるうえで「食」が重要な要素であり、従来の建築発信に欠けている部分であると考えていたからだ。だから、この本が出たときには「やられた！」と思った。

そして、この本をベースにドラマがつくられると聞いたときには、「〝食〟を軸に〝建築〟をまぶして展開する〝恋愛ドラマ〟か、また先を越された！」と勝手に妄想していた。

恋愛ドラマとはどこにも書いてなかったのだが、『名建築で昼食を』というタイトルは、いかにも不朽のラブロマンス『ティファニーで朝食を』を連想させるではないか。

建築濃度のあまりの濃さにびっくり

ドラマを見てみると、思っていた展開とはだいぶ違っていた。一つには建築好きの中年男性である千明と、おしゃれ女子の藤の間にラブロマンスは生まれないこと。ネタバレになるが、2人の関係は最後の10話まで「師匠」と「弟子」のままだ。

もう一つの予想外は、こちらはうれしい誤算で、建築が「まぶす」程度の軽い扱いではないことだ。30分の8割ほどが建築の話だ。こんなに建築を掘り下げて視聴者が引かないのか？　と心配になるほど建築濃度が濃い。

例えば、筆者の大好きな「目黒区総合庁舎」を舞台にした第5話はこんな感じだ。中目黒駅方向から、楽しげに歩く2人。千明が、この建物が村野藤吾の設計で1966年に千代田生命保険の本社ビルとして建てられ、目黒区総合庁舎に転用されたことなどを説明する。

玄関の前のアルミ庇を支える柱の足元に顔を近づけ、「ここ、ここがすごいんだよ。このアール（曲面）、すごくない？」と興奮する千明。それを嬉しそうに眺める藤。

この施設の目玉ともいえるらせん階段では、「しびれるよね、さすが階段の魔術師、村野藤吾」と千明が言えば、藤も「ここ、浮いてる！」と実にいいところに気づく。2人で下から見たり、上から見たり、あらゆる角度から見た末に、ようやく次のシーンかと思ったところで千明が「もう1回上から見よう！」と階段を上り始める。

建築編
ドラマの名ゼリフ
ここ、ここがすごいんだよ。
このアール！
あ、ほんとだっ

これは一体どこまでが脚本なのか……。時間を計ってみたらこの階段のシーンだけで2分15秒もあった。もしNHK教育テレビがこの建築の30分番組をつくったとしても、この階段にそこまで時間を割かないのではないか。

『名建築で昼食を』のタイトルどおり、2人でランチを食べるのが各回のお約束だ。目黒区総合庁舎でランチといえば、食堂名物の「メガカツカレー」。その量の多さに藤がびっくりというシーンを期待していたのだが、カレーではなく、持ち込みのフルーツサンド（おそらくフルーツサンドの専門店「ダイワ」中目黒店で購入）を食べる話になっていたのがちょっと残念。食堂のカレーはおしゃれ感に欠けるという判断だったのか。分からなくはないが。

藤のリアクションはアドリブ？

こうした建築を見ながらの千明のうんちくと藤の感想の〝掛け合い〟がこのドラマの中核である。

千明のうんちくは脚本に書かれているのだと思うが、それを受ける藤の感想は、どう見ても生のリアクションとしか思えない。その素朴なひと言ひと言が実にいい。『ブラタモリ』（NHK）におけるタモリと女子アナの掛け合いを見るのに似ている。

原案となった書籍は、「建築」に「食」を絡めることで、建築の楽しさを増幅できることを示した。そして、それをドラマ化したこの作品では、「建築＋食」に加え、さらに「建築を語り合う楽しさ」を伝えることに挑んでいる。どちらも「建築のすそ野を広げたで賞」を贈呈したい偉業である。

ただ、もう少し2人の関係を思わせぶりなものにしてほしいなあ、と思うのは中年建築好き男性だけの願望だろうか。

追記：ドラマは好評だったようで、2021年1月23日には『名建築で昼食を スペシャル 横浜編』が、2022年8月18日～9月22日には『名建築で昼食を 大阪編』が放送された。

COLUMN

名建築ここにあり！ 現実をしのぐ空想建築

映画『クレヨンしんちゃん 嵐を呼ぶ モーレツ！オトナ帝国の逆襲』（2001年）

大人を昭和に戻す「20世紀博」ディストピア映画の傑作

『クレヨンしんちゃん』の劇場映画シリーズ9作目として製作された『嵐を呼ぶ モーレツ！オトナ帝国の逆襲』。公開は2001年。つまり21世紀最初の年だ。この年にふさわしい舞台は、しんちゃんの住む埼玉県春日部市に誕生した「20世紀博」。昭和を懐かしむテーマパークだ。だが、それは本来の目的ではなく、大人たちを過去に引き戻すよう洗脳する施設だった。20世紀博の外観はデパートの屋上に東京タワーを建てたような形。タワーの上部からは、テレビ電波ではなく、大人たちを洗脳するあるものが振りまかれる。それは映画を見てほしい。「20世紀博」の設定も面白いが、この作品はディストピア映画として傑作だ。終盤のしんちゃんのセリフにたぶん泣く。

28

映画

ホテルローヤル（2020年）

学校では教えてくれないラブホテルの社会性を描く

「ラブホテル」で育ち、その商売を嫌いながらも家業を継いだ娘の物語。作中のエピソードは物悲しい話ばかりだが、映画全体としてはラブホテル愛に満ちている。

映画を見ることで、それまで意識していなかった建築タイプについて考えさせられることがある。2020年に公開された邦画『ホテルローヤル』はその一つだ。タイトルからは王宮のような高級ホテルを想像するかもしれないが、舞台となっているのは郊外の「ラブホテル」である。

直木賞を受賞した桜木紫乃の短編集『ホテルローヤル』を、『百円の恋』や『全裸監督』で知られる武正晴監督が映画化したもの。北海道の釧路湿原を背に立つ小さなラブホテル

「ホテルローヤル」を舞台に、さまざまな人間模様を描く。

実は「直木賞受賞作」ということを知らずになんとなくネット配信で見始めた。舞台となっているラブホテルのリアリティーに引き込まれ、あっという間に見終わっていた。

ラブホテルに反発して育つも家業を継ぐ

主役はホテルローヤルの一人娘、田中雅代（演じるのは波瑠）。ホテルをつくったのは父の田中大吉（安田顕）だ。もとは塗装作業員だったが、愛人のるり子（夏川結衣）が雅代を身ごもったときに、一念発起してホテルを開業した。

雅代はラブホテルの娘であることに反発してきた。しかし、美大の受験に失敗し、母親のるり子が突如蒸発したことから、やむなくホテルの経営を継ぐことになる。

雅代は2人のベテラン清掃員と、日々の仕事を

『ホテルローヤル』
2020年11月公開。104分
原作：『ホテルローヤル』
監督：武正晴
脚本：清水友佳子
出演：波瑠、松山ケンイチ、安田顕、夏川結衣、余貴美子
配給：ファントム・フィルム

黙々とこなす。利用客の様子を他人事のように眺めながら……。

映画は、8割がたラブホテルの中だ。経営者や清掃員の家族、複数の利用客のエピソードが描かれるので、客室、廊下、事務室、従業員室、機械室、住居部分など、あらゆる場が描かれる。建築の裏側だけでなく、客が出た後にどうやって清掃をするのか、どのくらいの利用率なのか、〝器具〟の仕入れはどうするのかといった、運営の裏側も描かれる。

取材ではなく、実体験がベース

この映画は、関係者に相当取材しないとつくれない。……と思ったのだが、そうではなかった。原作者の桜木紫乃の実際の体験に基づいているのだ。

桜木紫乃は1965年、北海道釧路市生まれ。実家は理容室だったが、15歳のときに父親が釧路町に「ホテルローヤル」というラブホテルを開業し、部屋の掃除などで家業を手伝っていたという。なんと、ホテルまで実在なのか！

全体を通して、ハッピーなエピソードはほぼない。しかし、原作者の桜木のラブホテルという家業への愛は端々から伝わってくる。それを一番感じたのは、雅代が生まれる前に、父親の大吉がるり子に、ラブホテル建設の夢を語るシーン。

「おれはよ、いつかでっかい会社の社長になって、お前に楽させてやりたいと思ってるんだ。男になりてえんだよ」
「いいか、お前はラブホテルの女将（おかみ）になるんだ」

かつて（おそらく70年代後半）、ラブホテルは一代で財を成す夢のビジネスだったのだ。そして完成したホテルローヤルの、釧路湿原を見下ろす壮大なシルエット。夫婦の思い出である「高級みかん」から取った、シンボルカラーのオレンジ色。雅代の目に映るホテルローヤルに、恨み節は感じられない。むしろ愛に満ちている。

「ラブホテルは日本独特」って本当？

原作小説の『ホテルローヤル』（集英社文庫）は、巻末の解説を作家・評論家の川本三郎が書いている。その中に、こんなことが書いてあって、「なるほど」と思った。
「ラブホテル（昔は「連れ込み旅館」と言った）は、日本独特のものだろう。日本の住宅

事情の悪さから生まれた一種の生活の知恵である。寝室を貸すだけで商売をする」

「英米にラブホテルがなかったことは、往年のイギリス映画、デヴィッド・リーンの『逢い引き』（1945年）や、アメリカ映画、ビリー・ワイルダー監督の『アパートの鍵貸します』（1960年）を見れば分かる。不倫の男女は日本のラブホテルのような隠れ家がないために、忍び合いの場所を探すのに苦労する」

そうか、アメリカにラブホテルがあったら、あの名作コメディーは生まれなかったのか……。ちなみに、『アパートの鍵貸します』は、ニューヨークの保険会社に勤めるバドが、昇進のため、上司と愛人の密会用に自分のアパートの部屋を時間貸しすることで起こるバタバタを描いた映画である。

二の建築
物語のカギは
雄大な釧路湿原を見下ろす
ラブホテル。
ホテル
ローヤル

でも、ラブホテルが「日本独特」って本当なのだろうか。ネットで調べてみると、確かに日本独特だという記事がたくさん出てきた。特に、研究者である金益見神戸学院大学准教授の見解が面白かった。要約すると、

- かつての日本の住宅は、少ない部屋を多目的に使っていた。日中は居間、食事のときはちゃぶ台を出して食堂、夜は布団を敷いて寝室。
- 夫婦二人ならともかく、子どもがいて、親も同居だと、二人きりになれる場所は家の中に全くない。
- 加えて家に風呂がないのが普通だったので、ラブホテルは夫婦水入らずで風呂に入れることも魅力だった。

なるほど、川本三郎が「日本の住宅事情の悪さから生まれた」と書いていたのはそういうことか。

〝夫婦の日常〟の延長としてのラブホテル

映画の中のエピソードの一つに、家で親の介護をしている中年夫婦が、初めてホテルロイヤルを利用するシーンがある。

妻「こんなふうに二人で過ごすのって何年ぶりだろう」
夫「なんだよ、泣くなよ、お前」
妻「いつも子どもたちとおばあちゃんのことでいっぱいいっぱいで……」
夫「もういいから」

妻「私、パートで5000円ためたら、また
お父さんをここに誘う……」

なるほど、ラブホテルというと独身カップルか不倫カップルを思い浮かべてしまうが、そういう〝夫婦の日常の延長〟としての使い方も、かつては当たり前だったのだ。

大学の建築計画学では、ラブホテルについては教えないだろう。こういう映画は脱少子化に向けての一つの建築教材になるかもしれない。ぜひ最新のラブホテルを舞台にした『ホテルローヤル2023』もつくってほしい。

COLUMN

名建築ここにあり！　現実をしのぐ空想建築

映画『ハウルの動く城』(2004年)

アーキグラムもびっくりの折れそうな足とツギハギ感

宮崎駿作品の中から「建築好きの心に刺さるものを一つ挙げよ」と言われたら、『ハウルの動く城』を推したい。「動く城」はオープニングシーンから登場する。ガラクタを寄せ集めたような塊。煙突から煙を吐きながら、折れそうな細い足で昆虫のように歩く。この城を見て、建築好きの多くは、アーキグラムの「ウォーキング・シティ」を思い浮かべただろう。

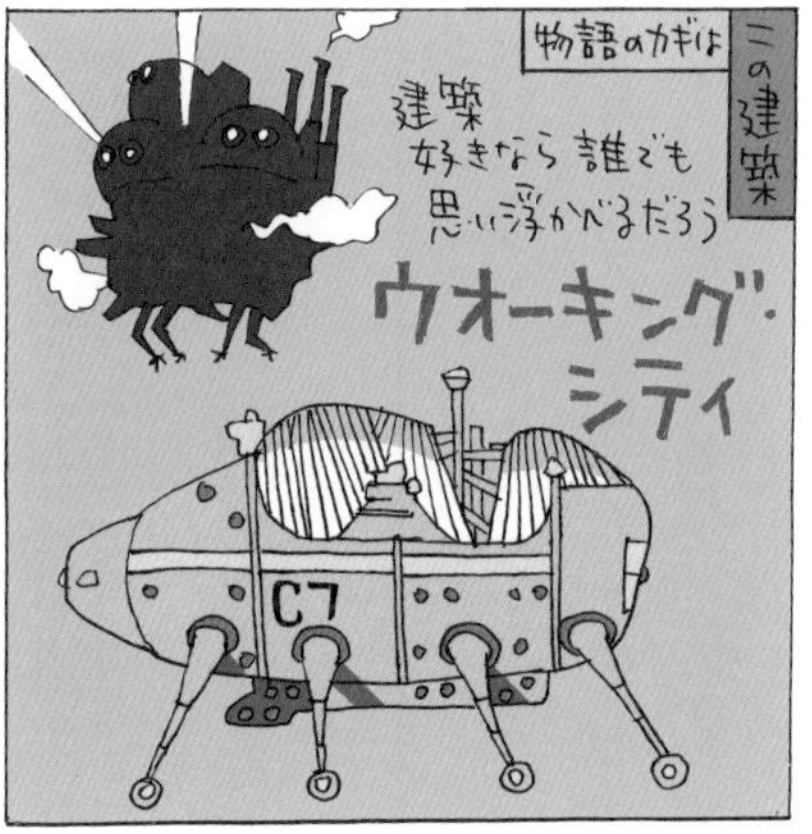

アーキグラムはロン・ヘロン、ピーター・クックら6人から成る建築家集団。1961年から70年初頭まで同人誌などで、未来の建築や都市を提案した。ウォーキング・シティを特徴づけるのは車輪の付いた細い足と、外観のツギハギ感。現実の都市と逆方向を目指すと、そのビジュアルは自ずと似るのだろうか。

29

映画

建築と時間と妹島和世（2020年）

ふんわり建築を生み続ける〝世界のセジマ〟の才能と強さ

建築が好きで好きで仕方がない――。終始そんなふんわりムードで進行するこのドキュメンタリー映画は、一方で〝世界の妹島和世〟の静かな闘いを描いている。

タイトルからも分かるとおり、建築家・妹島和世（せじま）（1956年生まれ）が主人公のドキュメンタリー映画である。

妹島は日本の女性建築家として初めてプリツカー賞（建築界のノーベル賞とも言われる）を受賞したスター建築家だ。映画の監督・撮影は、妹島と1990年代から親交のある写真家のホンマタカシ（1962年生まれ）。

映画のキャッチコピーは「大阪芸術大学に『丘』が建つまでの3年半の記録」。丘とは、

2018年に完成した大阪芸術大学アートサイエンス学科棟のことだ。この映画を象徴する名セリフとして、ここを選びたい。

「（設計は）変わる連続」――by 妹島和世

途中段階では「普通の四角い箱」も考えた

基本構想から基本設計、最終案へと、つくってはやめ、つくってはやめしてきた模型群の映像を見せた後で、妹島がつぶやく言葉だ。設計は「行ったり戻ったり」とも。

模型の変遷を見て、「どの屋根もそんなに変わらないじゃん」と思ってしまった筆者は、おそらく設計の才能はないのだろう。いや才能以前に、あれほど一つ

『建築と時間と妹島和世』
2020年10月に日本公開。60分
監督・撮影：ホンマタカシ
出演：妹島和世
製作：大阪芸術大学
配給：ユーロスペース

のことにこだわり続けることができる情熱がすごい。

その途中段階では、普通の四角い箱も本気で考え、構造計算もしたという。でも、当初の狙いと違うと我に返った、と。うーん、気づいてくれてよかった。

さらに驚くのは、地鎮祭が終わった後に、「既存の校舎と遠すぎる気がしてきて、位置を校舎と近づけることを検討した」とサラリと告白するのだ。設計途中ではなく、地鎮祭の後である。検討の結果、やはり元の位置の方がいいという結論になったというが、施工者（大成建設）はヒヤヒヤだったに違いない。

このほか、「現場で判断を求められても、その場では決めない。いったん持ち帰って、距離を持って考えてみる」という告白も。これも若手設計者にお勧めしていいのかどうかという設計姿勢だ。

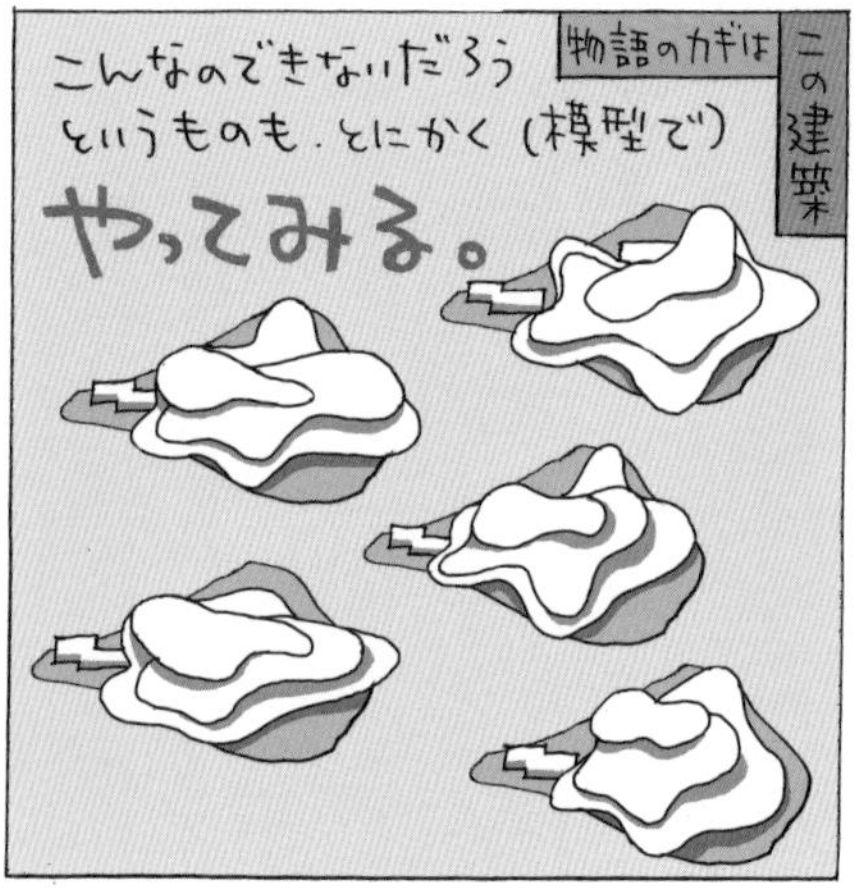

一人語り9割、異色のドキュメンタリー

文字にしてみると衝撃的だが、映画全体としては〝ドラマチック〟とはほど遠い、ふわっとした印象だ。

建設プロセスの映画というと、『黒部の太陽』（黒部ダムの建設過程）や『超高層のあけぼの』（霞が関ビルディングの建設過程）のような群像劇をイメージする。NHKの『プロジェクトX』もしかり。だが、この映画は99％、妹島の発言でできている。主役の独白の多い『情熱大陸』だって、数人は関係者の声を拾うところだ。

だが、この映画は、妹島事務所のスタッフや大成建設の現場所長らしき人が登場するものの、その発言は拾われていないか、ミュートされている（小声過ぎて聞きとれない）。

映像もドキュメンタリーらしくない。私は現地に行ったからよく分かるのだが、建設途中の映像のほとんどは、敷地の南側に立つ塚本英世記念館の上階から撮影されている。

塚本英世記念館は、同大学で教鞭を執った建築家の高橋靗一（ていいち）氏（1924〜2016年）が日本建築学会賞作品賞を受賞した名建築だ。それ以外の校舎も高橋がつくり続けてきたもので、どこにでもあるような校舎ではない。

妹島も映画の中で「高橋先生の建築が〜」とコメントしており、普通ならばドローンでも飛ばして、キャンパス内をざっと紹介しそうなものだ。でもやらない。

あまりの淡々としたトーンに、映画を見ている最中からずっと、「ホンマタカシが伝えたいものは何か」を考えずにはいられなかった。

ふんわりとした映像と、サラサラと砂のような独白が続き、60分で映画は終わる。

伝えたいのは妹島の「強さ」？

ここから先は、筆者の推論なので、映画を見ようと思っている人は、見てから読んでほしい。

一般のアート好きの人は、「妹島和世、素敵！」と素直に思うかもしれない。対して、建築関係の人は、「いやいや建築とはもっとドロドロしたものだろう」と思うのではないか。ベテランの設計者は、これを見た若手に「建築はこんなふうにふんわりとはできない」と苦言を呈したくなりそうだ。

しかし、筆者はこう考える。ホンマは、そういうふうに言われそうな若手に向けて、「ふわっとあり続けることの大切さ」を伝えたいのではないか。

もちろん、教科書どおりに、基本構想→基本設計→実施設計とぶれなく設計を進め、現場で判断を求められたらテキパキと決められる設計者が望ましいことは間違いない。が、そういうプロセスでは妹島のようなふわっとした建築は生まれないのだ、と。

画面外に向かって怒るシーンの意味

キャンパス内の映像を詳しく見せないのは、見せてしまうとこの形が周辺環境に対する「ソリューション」になってしまうからだと思う。そういう問題解決志向ではなく、この形が妹島のふわっとしたイメージから生まれていることをホンマは強調したかったのではないか。

そして何より伝えたかったのは、「ふわっとあり続けることの強さ」だと思う。人は「ソリューション」には納得しやすいが、「イメージ」ではなかなか動かない。今でこそプリツカー賞

の冠を頂く「世界の巨匠」だが、若い頃には「何言ってんだ!?」とクライアントや施工者と相当やり合ったはずだ。

映画の途中、事務所内で物音がしたとき、妹島が画面外に向かって「ちょっとなるべく静かにしてねっ」と怒るシーンがある。なぜ、この部分、切らないのだろうと思ったのだが、後で考えると、そういう強さ（怖さ？）を伝えたかったのかもしれない。

いろいろ考え過ぎかもしれないが、それぞれの見方を引き出す映画であることは間違いない。

COLUMN

名建築ここにあり！　現実をしのぐ空想建築

映画『チャーリーとチョコレート工場』（2005年）

遠景だけで「傑作」を予感させる宗教的かつ未来的な煙突群

ファンタジー映画の鬼才、ティム・バートンが監督した『チャーリーとチョコレート工場』。冒頭からバートンらしい夢物語の世界に引き込む。それはウィリー・ウォンカが経営するチョコレート工場の外観だ。住宅街にある小高い丘の上に、巨大な煙突を中心として無数の煙突が立つ。その塔の立ち方が実に美しい。ガウディが設計した「サグラダ・ファミリア」にも見えるし、イタリアの建築家サンテリアが20世紀初頭に描いた未来都市のようでもある。ジョニー・デップが演じるウィリー・ウォンカの強烈なキャラクターが映画の肝なのだが、そのウォンカが登場する前から、「この映画は間違いなく面白い」と思わせる。工場内部やエレベーターも必見。

30

映画

カメラを止めるな！（2018年）

ロケ地愛はアカデミー監督超え、主役は水戸市公認の廃墟

低予算でありながら大ヒットした『カメ止め』。フランスのアカデミー賞監督がリメイクしたことでも話題になった。この映画を〝ロケ地愛〟という視点で考察する。

アカデミー賞監督であるフランスのミシェル・アザナヴィシウス監督が日本の『カメラを止めるな！』（上田慎一郎監督）をリメイクした『キャメラを止めるな！』が、2022年7月に公開された。アザナヴィシウス監督、この映画に目をつけるとはなかなかいいセンスをしている。今回は、海外リメイクによって再び話題となった本家『カメラを止めるな！』（以下、『カメ止め』）を取り上げる。

『カメ止め』は、劇場長編初監督となる上田慎一郎監督（1984年生まれ）が、オーデ

イションで選んだほぼ無名の役者たちとつくり上げたインディーズ映画だ。２０１８年の公開時は都内２館の上映だった。それが、映画祭の評判やＳＮＳによる口コミでその面白さが拡散し、全国47都道府県に上映が拡大。興行収入30億円を超える大ヒットを記録した。

この映画、脚本が実によくできている。異常に長い「ワンカット撮影」という演出も斬新だ。しかし筆者はヒットを支えた要因として、ただならぬ「ロケ地愛」＝「建築愛」を指摘したいのである。

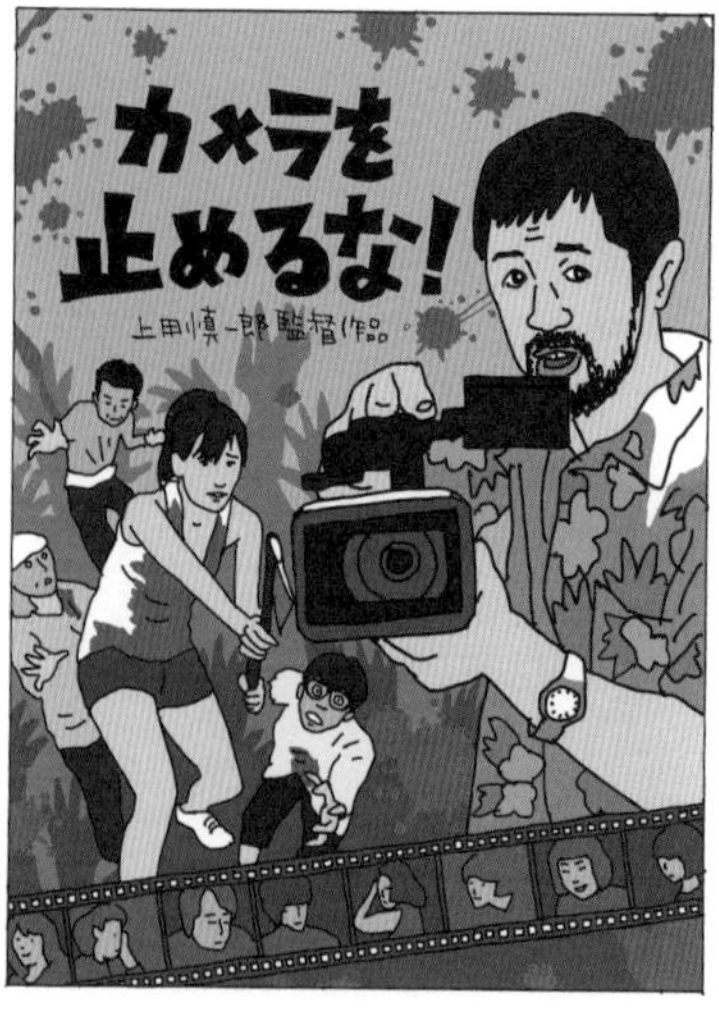

『カメラを止めるな！』
2018年6月に公開。96分
英題：ONE CUT OF THE DEAD
監督・脚本・編集：上田慎一郎
出演：濱津隆之、真魚、しゅはまはるみ、長屋和彰、細井学、市原洋、山﨑俊太郎、大沢真一郎、竹原芳子、浅森咲希奈、吉田美紀、合田純奈、秋山ゆずき
製作：ENBUゼミナール
配給：ENBUゼミナール＝アスミック・エース

ロケ地は実在する旧芦山浄水場

この原稿を書くにあたって、改めて映画を見返してみた。思っていたとおり、監督役の濱津隆之よりも、ヒロインの秋山ゆずきよりも、映っている時間は舞台の「廃墟」が圧倒的に長い。

この廃墟はセットではなく、実在する。

茨城県水戸市渡里町にある「旧芦山（あしやま）浄水場」だ。水戸市最初の浄水場として、1932年（昭和7年）に完成した。60年間現役で使われたが、30年前の1993年に廃止された。

単に「映っている時間が長い」から取り上げたわけではない。

この映画、初めて見る人のために「ネタバレを書かない」ことがファンの間で暗黙のルールとなっている。なので、私も詳しいストーリーは書かない。大きくは、廃墟を舞台とする〝ゾンビもの〟のコメディー映画だとだけ言っておく。

物語は浄水場の大きな吹き抜け空間から始まる。送水ポンプの機械室のようだ。中央から両側に開くように長い階段があり、天井の中心付近からは光が差して、実に絵になる。階段を上がると、屋外の雑木林に出る扉があり、この空間が地下に1層分掘り込んだ地下1階・地上2階の巨大な吹き抜けだということが分かる。

ゾンビが扉から建物内に侵入しようとする。ヒロインらは吹き抜けの1階レベルからL字につながるもう一つのポンプ機械室（仮に機械室Bとする）に逃げる。機械室Bは2層吹き抜けだ。機械室Aより天井は低いが、やはり天井の中心から光が入り、美しい。

頭の中で描いた間取り図がほぼ正解

徐々に数が増えるゾンビたちを振り払いながら、屋外に逃げる。緑の中に立つベージュ色の建物の上部には、丸窓がリズミカルに並ぶ。外に出てからも、立体的に架かる屋外階段を駆け上がったり、地下の浄水池と思われる地下道に逃げ込んだり……と、前半約30分だけで、浄水場の〝建築的見どころ〟をこれでもかと映す。

この映画を見るのは2回目なので、前半を見ながら、頭の中で建物の間取り図を描いてみた。映画の中盤で、ホワイトボードに貼った建物の間取り図がちらっと映る。私が頭の中で想像していたものと、ほぼ同じだった。資料を見ずにロケ地の間取り図が描ける映画を筆者はほかに知らない。

この映画は製作予算が３００万円だったという。無名とはいえ十数人の役者が出演している。それだけで予算を使い切りそうだ。舞台の廃墟はゲリラ的に撮影を強硬したのか？　いや、そうではない。

ロケ地を見て脚本を書き換えた？

旧芦山浄水場は１９９３年に廃止となったが、「みとフィルムコミッション」に登録し、映画のロケ地として使われている。いわば、〝水戸市公認の廃墟〟なのである。ＷＥＢサイトに料金は載っていないが、たぶんかなりリーズナブルなのだろう。

監督はインタビューでこんなことを語っている。「キャストはオーディションで選んだ12人。経験も少ないし、技術面も完璧じゃない人ばかり。だったら演技と本来の自分との境目をなくしてしまえと思って、彼らの個性そのものをあてがきにして脚本を書きました」(『朝日新聞』「&M」２０１８年7月28日より)。

「あてがき」というのは、演じる俳優が決まってから脚本を書く・書き直すことをいう。

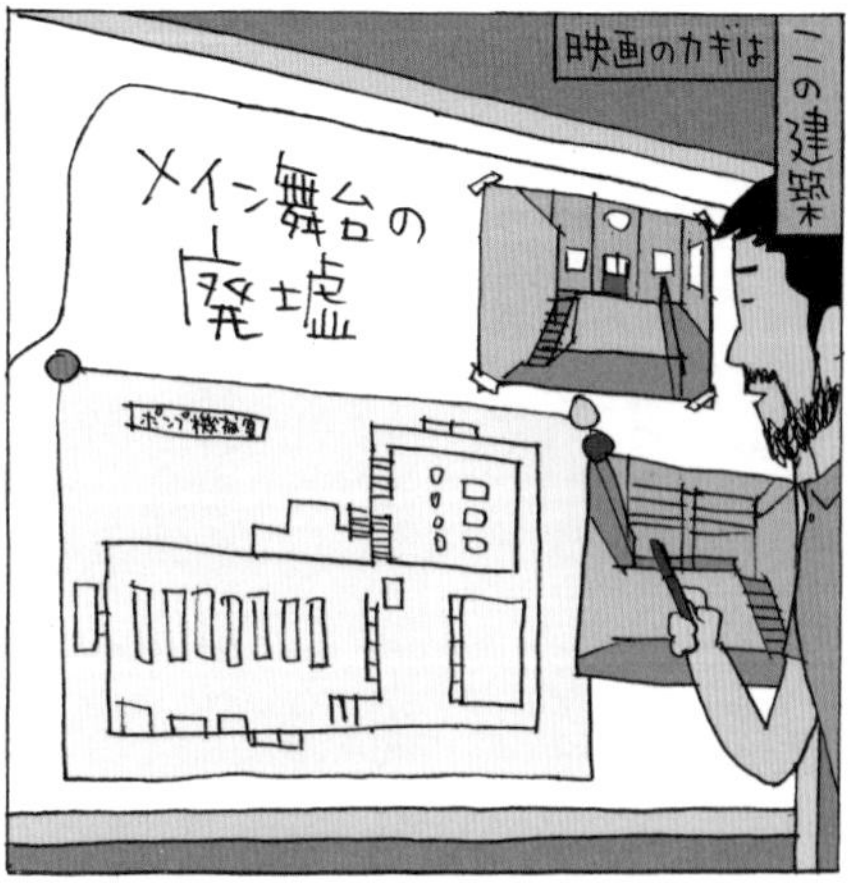

俳優の個性に合わせて脚本を書き直す監督ならば、当然、この浄水場を見てからそれを最大限に生かすべく脚本を書き直しているだろう。そうやって建物に感動しては書き直すうちに、旧芦山浄水場は「13人目のキャスト」を超え、「主役」の座に躍り出たのだ。

筆者がそんなふうに想像するのは、越屋根（こしやね）を重要な場面で複数回使っているからだ。「越屋根」というのは、屋根の頂部に採光や換気のために設けた「小さな屋根」だ。ネタバレは書かないと言っておいてなんだが、屋上の越屋根は、映画のクライマックスでも使われる。こんな脚本は、現地を見なければ絶対に書けない。

フランスのリメイク版は……

ところで、フランスで一流のスタッフや俳優によってリメイクされ、2022年のカンヌ国際映画祭のオープニングを飾ったという『キャメラを止めるな！』の方はどうなのか。『キャメ止め』の監督は、2011年に『アーティスト』でアカデミー賞を受賞したミシェル・アザナヴィシウス。演じるのはロマン・デュリスやベレニス・ベジョといったフランスの実力派俳優たちだ。

海外のリメイク版というと、原作の断片しか残っていないものも少なくないが、本作は原作に忠実でびっくりした。アザナヴィシウス監督の上田監督に対するリスペクトがひしひしと伝わってくる。

舞台は、浄水場ではない。雑木林の中にあるショッピングセンターの廃墟のようだ。それでも、原作のシーンのほとんどが再現されており、よくこんなロケ地を探したなと感心した。

演出や脚本の良し悪しは、専門家でない筆者が語る立場にはない。だが、「建築愛」では日本の『カメ止め』が勝っていると断言する。フランスの『キャメ止め』は、「低予算風」に面白くできてはいるが、あれだけのキャストを揃えた時点で本当の意味での低予算ではない。「ロケ地料金の元を取ろう」というガツガツさに欠けるように感じた。見比べることで改めて分かる『カメ止め』のすごさ。

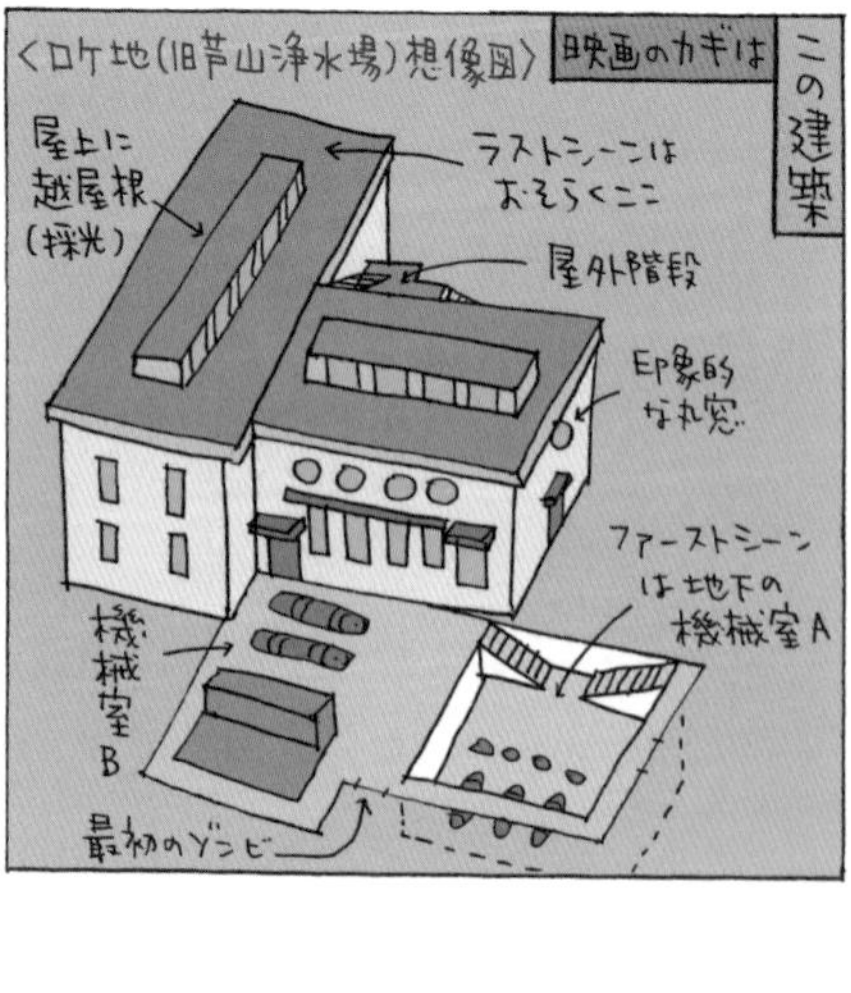

旧芦山浄水場を「若手監督の登竜門」に！

筆者がひとつ懸念しているのは、『カメ止め』で旧芦山浄水場が有名になり過ぎて、今後、他の日本映画で使われなくなるのではないかということである。『カメ止め』を見た人は、旧芦山浄水場が映ったらすぐに「あそこだ！」と思うだろう。

しかし、繰り返しているように旧芦山浄水場は「主役」級の存在だ。「主役級の役者」にさまざまな役柄を演じさせるのが監督や製作陣の腕の見せどころであるように、若い映画製作陣には旧芦山浄水場を違うシチュエーションでどんどん使ってほしい。そして、いつか「若手監督の登竜門」といわれるようなロケ地になったらいいなと、『カメ止め』ファンであり建築ファンである筆者は思うのである。

COLUMN

名建築ここにあり！ 現実をしのぐ空想建築

映画『ザ・タワー 超高層ビル大火災』（2012年）

名作に負けない超高層の現実感 45度ずれて立つ2棟の描写が見事

物語のカギは
この建築
連結超高層のリアリティー

『ザ・タワー 超高層ビル大火災』は、2012年に韓国で公開されたパニック映画。地上108階建ての超高層ビル「タワースカイ」の上層階で大火災が起こる設定だ。1974年のアメリカ映画『タワーリング・インフェルノ』（180ページ）の現代版と言ってよいだろう。違いの一つは、超高層がツインタワーであること。火災が発生するのは片方のタワーだが、中間部分のブリッジで2棟がつながっているため、もう一方を巻き込みながら倒れるという想定が「なるほど」だ。もう一つの違いは「模型＋合成」から「CG」への進化。序盤に2棟をヘリから映すシーンがあるのだが、45度ずれて立つ2棟のガラスの映り込みがあまりにも見事で、とても架空のビルとは思えない。

あとがき

医者や刑事、弁護士ならともかく、「建築家」が登場する映画やテレビドラマがそんなにあるのか……。本書を手に取られた方が最初に抱くのはそんな感想ではないか。そうなのである。筆者自身も調べてみて、こんなにあったことに驚いた。

最後になって白状するが、筆者は人に誇れるほど映画に詳しいわけではない。学生時代までは映画が好きでかなり見た。だが、出版社勤務になると、忙し過ぎてほとんど見る時間がなくなった。

憧れの和田誠へのオマージュ

2020年にフリーランスとなり、「LIFULL HOME'S PRESS」から「建築関連で何か連載をやりませんか」と打診があったとき、すぐに「映画の連載をやろう」と思った。そのとき頭に浮かんだことが二つあって、一つは、「連載にすれば、仕事として映画を楽しめる」ということ。もう一つは少年時代からの憧れ、故・和田誠の『お楽しみはこれからだ』だった。

和田誠は日本の戦後を代表するイラストレーター。画風を見ればお分かりのとおり、筆者も多大な影響を受けている。和田誠はイラストレーターとして一流であるうえに、名文家であり、希代の映画通であった。映画監督として『麻雀放浪記』や『快盗ルビイ』などを撮っている。

華々しい業績の中で『お楽しみはこれからだ』はそれほど知られていないかもしれない。それは、和田誠が映画誌『キネマ旬報』に連載していたイラスト入りの映画評で、副題は「映画の名セリフ」だ。

「なんだ、和田誠のパクリか……」。そう言われれば、まあ、その通りである。ではあるが、筆者としては「憧れの和田誠へのオマージュ」と言い換えたい。筆者は現在、「画文家」と名乗っているが、そもそも「イラストを描いて文章を添える」というスタイルは、和田誠への憧れが出発点なのである。独立したら何かのツテを頼って憧れの人にぜひ会いたい、と思っていたのだが、独立の数カ月前、2019年10月にその人は天に召されてしまった。

建築家に絞るという枷の面白さ

憧れは強くても、すべてにおいて和田誠に勝てるわけがない。連載を始めるにあたり、考えたことの一つは、自分が詳しい建築家や建築物の話に絞ること。もう一つは、映画だけでなく、テレビドラマも含めること。テレビドラマはたいてい9～10話あるので、見るのに時間がかかる。だから論じる人も少ない。そこは連載の独自性になるのではないかと考えた。

「建築家や建築物の話に絞る」というのも、我ながら面白い枷（かせ）だったと思う。それがなかったら一生見ることがなかった作品を数多く見て、食わず嫌いだったことを知った。私の専門領域ではないが、同じやり方で医者や刑事、弁護士といった職業別の本が書けそうだ。好きな作品だけを見続けるよりも視野が広がる。本書を見て、やってみようと思われた方は、ぜひイラストを筆者にご依頼いただきたい。

宮沢　洋

2023年1月

■COLUMN作品データ

〈名建築ここにあり！／海外編〉

P.14

映画『北北西に進路をとれ』
アメリカ公開は1959年8月、日本公開は1959年9月。136分
英題：『North by Northwest』
監督：アルフレッド・ヒッチコック
脚本：アーネスト・レーマン
出演：ケーリー・グラント、エヴァ・マリー・セイント、ジェームズ・メイソン、ジェシー・ロイス・ランディス
配給：メトロ・ゴールドウィン・メイヤー

P.23

映画『時計じかけのオレンジ』
アメリカ公開は1971年12月、日本公開は1972年4月。137分
英題：『A Clockwork Orange』
原作：アンソニー・バージェス『A Clockwork Orange』
監督・脚本：スタンリー・キューブリック
出演：マルコム・マクダウェル、パトリック・マギー、マイケル・ベイツ
配給：ワーナー・ブラザース

P.31

映画『ブレードランナー』
アメリカ公開は1982年6月、日本公開は1982年7月。117分
原作：フィリップ・K・ディック『アンドロイドは電気羊の夢を見るか?』
監督：リドリー・スコット
脚本：ハンプトン・ファンチャー、デヴィッド・ピープルズ
出演：ハリソン・フォード、ショーン・ヤング、エドワード・ジェームズ・オルモス
配給：ワーナー・ブラザース

P.47

映画『未来世紀ブラジル』
イギリス、フランス公開は1985年2月、日本公開は1986年10月。144分
監督：テリー・ギリアム
脚本：テリー・ギリアム、チャールズ・マッケオン、トム・ストッパード
出演：ジョナサン・プライス、ロバート・デ・ニーロ、キム・グライスト、マイケル・ペイリン
配給：20世紀フォックス

P.65

映画『ガタカ』
アメリカ公開は1997年10月、日本公開は1998年5月。106分
英題：『Gattaca』
監督・脚本：アンドリュー・ニコル
出演：イーサン・ホーク、ユマ・サーマン、ジュード・ロウ
配給：コロンビア ピクチャーズ

P.103

映画『コロンバス』
アメリカ公開は2017年8月、日本公開は2020年3月。103分
監督・脚本：コゴナダ
出演：ジョン・チョー、ヘイリー・ルー・リチャードソン、パーカー・ポージー、ミシェル・フォーブス
配給：サンダンス・インスティテュート

〈名建築ここにあり！／日本編〉

P.112

映画『モスラ』
1961年7月公開。101分
原作：中村真一郎、福永武彦、堀田善衛
監督：本多猪四郎（監督）、円谷英二（特技監督）
脚本：関沢新一
出演：フランキー堺、香川京子、小泉博、ザ・ピーナッツ、ジェリー伊藤
配給：東宝

P.121

映画『ニッポン無責任野郎』
1962年12月公開。86分
監督：古澤憲吾
脚本：田波靖男、松木ひろし
出演：植木等、団令子、ハナ肇
配給：東宝

P.187

映画『ドライブ・マイ・カー』
2021年8月公開。179分
原作：村上春樹『ドライブ・マイ・カー』ほか
監督：濱口竜介
脚本：濱口竜介、大江崇允
出演：西島秀俊、三浦透子、霧島れいか、岡田将生
配給：ビターズ・エンド

P.129

映画『図書館戦争』
2013年4月公開。128分
原作：有川浩『図書館戦争』
監督：佐藤信介
脚本：野木亜紀子
出演：岡田准一、榮倉奈々、田中圭、福士蒼汰、橋本じゅん、栗山千明
配給：東宝

〈現実をしのぐ空想建築〉

P.195

映画『メトロポリス』
ドイツ公開は1927年1月、日本公開は1929年4月。150分（2010年版）
監督：フリッツ・ラング
脚本：テア・フォン・ハルボウ、フリッツ・ラング
出演：ブリギッテ・ヘルム、アルフレート・アーベル、グスタフ・フレーリッヒ
配給：UFA

P.139

映画『ロスト・エモーション』
アメリカ公開は2016年7月、日本公開は2017年3月。102分
英題：『Equals』
監督：ドレイク・ドレマス
製作総指揮：リドリー・スコット、ラッセル・レヴィン、イ・ジェウ
出演：ニコラス・ホルト、クリステン・スチュワート、ガイ・ピアース
配給：A24

P.203

映画『スター・ウォーズ』
アメリカ公開は1977年5月、日本公開は1978年6月。125分
監督・脚本：ジョージ・ルーカス
出演：マーク・ハミル、ハリソン・フォード、キャリー・フィッシャー、アレック・ギネス
配給：20世紀フォックス

P.155

ドラマ『半沢直樹』
2013年7月から9月までTBS系列で放送。54分、全10話
原作：池井戸潤の小説「半沢直樹シリーズ」の『オレたちバブル入行組』および『オレたち花のバブル組』
脚本：八津弘幸
出演：堺雅人、香川照之、上戸彩、及川光博、山田純大、片岡愛之助、北大路欣也
製作：TBSテレビ

P.221

映画『ロード・オブ・ザ・リング』
アメリカ公開は2001年12月、日本公開は2002年3月。178分
原作：J・R・R・トールキン『指輪物語』
監督：ピーター・ジャクソン
脚本：フラン・ウォルシュ、フィリパ・ボウエン、ピーター・ジャクソン
出演：イライジャ・ウッド、イアン・マッケラン、リブ・タイラー
配給：ニュー・ライン・シネマ

P.178

映画『総理の夫』
2021年9月公開。121分
原作：原田マハ『総理の夫 First Gentleman』
監督：河合勇人
脚本：松田沙也、杉原憲明
出演：田中圭、中谷美紀、貫地谷しほり、工藤阿須加、松井愛莉、木下ほうか
配給：東映、日活

P.237

映画『クレヨンしんちゃん 嵐を呼ぶ モーレツ!オトナ帝国の逆襲』
2001年4月公開。89分
原作：臼井儀人『クレヨンしんちゃん』
監督・脚本：原恵一
出演（声）：矢島晶子、ならはしみき、藤原啓治、こおろぎさとみ
配給：東宝

P.245

映画『ハウルの動く城』
2004年11月公開。119分
原作：ダイアナ・ウィン・ジョーンズ『魔法使いハウルと火の悪魔』
監督・脚本：宮崎駿
出演（声）：木村拓哉、倍賞千恵子、美輪明宏、神木隆之介、我修院達也
配給：東宝

P.253

映画『チャーリーとチョコレート工場』
アメリカ公開は2005年7月、日本公開は2005年9月。115分
原作：ロアルド・ダール『チョコレート工場の秘密』
監督：ティム・バートン
脚本：ジョン・オーガスト
出演：フレディ・ハイモア、ジョニー・デップ
配給：ワーナー・ブラザース

P.262

映画『ザ・タワー 超高層ビル大火災』
韓国では2012年12月公開、日本公開は2013年8月。121分
監督：キム・ジフン
脚本：キム・サンドン、ホ・ジュンソク
出演：ソル・ギョング、ソン・イェジン、キム・サンギョン
配給：CJエンタテインメント

初出一覧

（いずれも『LIFULL HOME'S PRESS』掲載）

01 映画『私の頭の中の消しゴム』2022年6月13日
02 ドラマ『結婚できない男』 2021年4月7日
03 ドラマ『恋仲』 2021年9月11日
04 映画『建築学概論』 2021年2月5日
05 ドラマ『冬のソナタ』 2023年2月4日
06 映画『摩天楼』 2022年5月19日
07 映画『みんなのいえ』 2022年5月24日
08 ドラマ『協奏曲』 2021年7月29日
09 ドラマ『ノースライト』2020年12月18日
10 映画『ル・コルビュジエとアイリーン 追憶のヴィラ』 2020年12月9日
11 映画『マイ・アーキテクト／ルイス・カーンを探して』 2022年1月28日
12 映画『スケッチ・オブ・フランク・ゲーリー』 2021年9月18日
13 映画『これが私の人生設計』 2021年5月16日
14 映画『テルマエ・ロマエ』 2021年3月12日
15 ドラマ『パーフェクトワールド』 2022年6月21日
16 ドラマ『大豆田とわ子と三人の元夫』 2021年11月7日
17 映画『釣りバカ日誌13 ハマちゃん危機一髪!』 2022年9月21日
18 ドラマ『10の秘密』 2022年3月5日
19 映画『海辺の家』 2022年11月5日
20 映画『火天の城』 2021年5月3日
21 映画『タワーリング・インフェルノ』 2020年11月22日
22 映画『ダイ・ハード』 2022年12月23日
23 映画『パラサイト 半地下の家族』 2021年6月25日
24 ドラマ『隣の家族は青く見える』 2022年8月21日
25 ネット配信ドラマ『ラグジュアリー・シドニー～超高級住宅ドキュメンタリー～』 2022年6月26日
26 映画『風速40米』 2022年2月23日
27 ドラマ『名建築で昼食を』 2021年7月10日
28 映画『ホテルローヤル』 2022年10月10日
29 映画『建築と時間と妹島和世』 2020年10月23日
30 映画『カメラを止めるな!』 2022年7月30日

※『COLUMN』20本は本書のための書き下ろし。

【著者紹介】

宮沢 洋（みやざわ・ひろし）

画文家、編集者、BUNGA NET代表兼編集長。1967年東京生まれ。1990年早稲田大学政治経済学部政治学科卒業、日経BP入社。日経アーキテクチュア編集部に配属。2016年～19年まで日経アーキテクチュア編集長。2020年2月に独立。2020年4月から磯達雄とOffice Bungaを共同主宰し、建築ネットマガジン「BUNGA NET」（https://bunganet.tokyo）を運営。2021年5月、株式会社ブンガネットを設立。著書に『隈研吾建築図鑑』（日経BP）、『誰も知らない日建設計』（日本経済新聞出版）、『イラストで読む建築 日本の水族館五十三次』（青幻舎）など。

シネドラ建築探訪

2023年3月9日　1版1刷

著　者　宮沢 洋

©Hiroshi Miyazawa, 2023

発行者　國分正哉

発　行　株式会社日経BP
日本経済新聞出版

発　売　株式会社日経BPマーケティング
〒105-8308　東京都港区虎ノ門4-3-12

ブックデザイン　藤田美咲

本文DTP　マーリンクレイン

印刷・製本　シナノ印刷

ISBN978-4-296-11746-8